공의회

―

역사를
걷다

일러두기 교황 명을 포함한 인명과 지명은 라틴어 표기를 원칙으로 했다. 다만, 현대사의 교황을 포함해 대중에게 잘 알려진 이름들은 현재 부르는 대로 표기했다. (예: 요한 바오로 2세, 베네딕토 16세, 프란치스코회, 도미니크회)

공의회 역사를 걷다

최종원 사회사로 읽는 공의회

비아토르

차
례

들어가는 말 낯선 전통을 찾아서 8

1 서론: 왜 지금 '공의회'인가 13
사회사 관점으로 교회사를 읽어야 하는 이유

2 동서교회 분열의 서막인가, 확장인가 31
제4차 콘스탄티노플 공의회

3 위로부터 이뤄지는 교회 개혁의 전형 49
제1, 2차 라테라노 공의회

4 권력의 정점을 향하는 교회, 그 빛과 그림자 69
제3차 라테라노 공의회

5 가톨릭교회, 삶과 죽음의 지배를 완성하다 89
제4차 라테라노 공의회

6 종교개혁은 하루아침에 이루어지지 않았다 107
  제1, 2차 리옹 공의회

7 교회여, 낮은 청빈의 자리에 설 수 있는가 127
  비엔 공의회

8 교회, 돌아올 수 없는 강을 건너다 147
  콘스탄츠 공의회

9 실패로 끝난 교회의 근대 체제 실험 167
  바젤-페라라-피렌체 공의회

10 교회가 사람을 못 바꾸면, 사람이 교회를 바꿔야 한다 185
  제5차 라테라노 공의회

11 '새로운 종교'를 만들다 205
  트리엔트 공의회

12 근대 세계의 고통 앞에서 천상의 신비를 논하다 225
  제1차 바티칸 공의회

13 아조르나멘토, 인간의 존엄과 사회의 공동선 243
  제2차 바티칸 공의회

  나가는 말 시대정신을 담은 새로운 전통으로 263
  주 270
  찾아보기 283

헌신과 비움의 본을 보이신

양승훈·박진경 교수님께

들어가는 말

낯선 전통을 찾아서

전통이란 한 공동체에서 생겨나 세대를 관통하며 오랜 기간 형성해 온 신념, 관습, 행동 양식 등의 체계를 의미한다. 전통과 한 국가, 민족, 종교의 정체성은 밀접하게 연결되어 있다.

    영국 역사학자 에릭 홉스봄이 편집한 《만들어진 전통》에 보면, 우리가 흔히 오래된 것으로 생각하는 전통이 실은 그렇지 않은 경우가 많다는 것이 새삼스럽다. 예를 들자면, 스코틀랜드 사람들 하면 자연스럽게 떠오르는 격자무늬 스커트인 킬트와 백파이프가 본래 그들의 오랜 전통이 아니라고 한다. 스코틀랜드 고지대인들은 18세기가 되기 전까지는 그들에게 문화를 전파한 아일랜드 문화에 종속적이었다. 그러던 스코틀랜드 왕국이 1707년 잉글랜드에 통합된 후 자신들만의 구별되는 독자적인 정체성을 내세우기 위하여 이 전통을 만들었다는 것이다. 그 주장을 따라가 보면, 킬트는 근대에 생긴 복장이고, 최초로 고안하고 입은 사람들은 잉글랜드 퀘이커 산업가들이란다. 또한, 스코틀랜드인들이 본래 연주하던 악기는 백파이프가 아니라 하프였다니 무척 생경하다. 지금 세계는 이 전통을 고대로부터 형성되어 온 것이라고 별 의심 없이 받아들인다.[1]

개신교인들이 흔히 주장하는 '오직 성서만 믿는다'는 표현도 이 관점에서 생각해 보면, 성서를 유일한 권위로 인정하는 것은 개신교가 만들어 온 전통이다. 성경에 대한 해석 역시 시대에 따라 변해 온 산물인 것이다. 이 전통은 이천 년의 장구한 기독교 역사 전체를 놓고 볼 때 겨우 오백 년 남짓하다. 그럼에도 성경을 바르게 믿는다는 것을 자신이 속한 성경 해석의 전통과 동일시할 경우 문제가 생긴다. 앞선 천 년의 경험에 대해 개신교의 잣대로 옳고 그름을 판단하는 무딘 칼날을 들이대는 것은 그리 바람직하지 않다.

비판적으로 보자면, 전통이라는 말에 알레르기 반응을 보이는 개신교는 늘 성서를 근거로 선명한 주장을 해 왔다. 역사적 맥락을 외면하고 성서적 명확성을 강조해 온 개신교는 전통 없는 종교로 되어 가고 있는지도 모른다. 그래서인지, 130년 이상의 역사를 지닌 한국 개신교만의 전통이라 부를 만한 뭔가가 쉽게 떠오르지 않는다.

전통은 세월의 흐름 속에 불완전하게, 때로는 위태하게 생성되었다. 중세 교회나 그 이후 가톨릭교회를 살펴보면 전통은 의외로 힘이 세다. 근거가 취약하기 때문에 전통을 강화하기도 하고 발명하기도 하지만, 결국 자기만의 방식으로 자신들의 문화, 언어, 민족과 접목시켜 시대를 초월해 존속하고 있다.

전통은 선명하지 않다. 희미한 중에 미래를 만들고자 하는 불완전한 인간들의 궁리다. 과거의 영욕 모두 전통을 형성하는 데 없어서는 안 될 재료다. 중세 가톨릭교회가 얼마나 어두웠든, 종교개혁이 얼마나 혁신적이었든지 간에 유럽 개신교는 가톨릭이라는 전통을 배경으로 생겨났다.

그렇기에, 한 걸음 떨어져서 역사를 돌아보는 것은 의미 있는 작업이 된다. 천 년의 역사를 뭉뚱그려 외면하는 손실이 더 크기 때문이다. 이런 문제의식 속에 이 책이 나왔다. 개신교의 전통 속에서는 낯설지만, 꼭 들여다볼 필요가 있는 주제들을 중세부터 근현대까지 시대를 관통하며 살펴보는 것이다. 그 작업의 키워드로 잡은 것이 공의회, 수도원, 그리고 이단 운동이다. 개신교의 신학 전통에서는 낯설지만, 전체 교회 역사 속에서 놓치기에는 아쉬운 주제들이다. 또한 한국 가톨릭 학계에서도 본격적으로 연구되지 않은 주제들이다. 이 책은 공의회, 수도원, 이단 운동이라는 세 개의 낯선 전통을 찾아가는 작업의 첫 번째 결과물이다. 앞으로 같은 형식으로 서구의 수도원과 이단 운동의 역사를 짚어 볼 것이다.

교회사에서 잊힌 낯선 전통을 찾아가는 이 기획은 2년 전

더운 여름날 서울 연남동 한 커피숍에서 비아토르 김도완 대표와 〈복음과상황〉의 옥명호 편집장과의 만남에서 시작되었다. 그 기획은 2019년 1월부터 2020년 3월까지 〈복음과상황〉에 '공의회의 사회사'라는 연재로 이어졌다. 이 책은 그 내용을 다듬어 엮은 것이다. 지면 제한으로 내용을 충분히 담지 못한 아쉬움도 있지만, 공의회의 배경, 역사적 의미와 성과를 간결하게 짚어 내어 낯선 주제에 대한 독자들의 접근성을 높였다는 데 의미를 둔다. 이 책은 공의회 자체를 심도 있게 다룬 본격적인 책은 아니다. 앞으로 더 깊이 있는 연구를 끌어낼 수 있는 마중물 역할을 할 수 있기를 기대한다.

기획을 제안하고 또 생각을 나눌 지면을 선뜻 내준 김도완 대표와 옥명호 편집장에게 먼저 고마움을 전한다. 편집과 디자인으로 책의 완성도를 높여 준 최은하 편집자, 정지현 디자이너에게 감사드린다. 또한, 연재 중 관심과 격려를 보내 준 〈복음과상황〉 독자들에게도 감사드린다.

전통은 저절로 형성되는 것이 아니라, 헌신하여 만드는 것임을 보여 준 밴쿠버기독교세계관대학원VIEW 설립자 양승훈 교수와 박진경 교수 부부의 모범에 감사드린다. 전통을 이어 가며, 더 튼실하게 만들고자 애쓰는 전성민 원장, 유승훈 박사, 이계현 실장, 김성경 실장과 VIEW 재학생·졸업생들의 수고에 응원을 보낸다. 언젠가 이 이야기들을 기록으로 남길 날이 오기를 기대한다. 마지막으로, 책 쓴다는 핑계로 늘 바쁜 척하는 남편과 아빠를

용납해 준 아내 은정, 아들 수민, 딸 조안에게 진심으로 고맙다. 이 책이 오랜 기다림에 대한 또 하나의 작은 선물이길 바란다.

2020년 9월
캐나다 밴쿠버에서
최종원

1

사회사 관점으로 교회사를 읽어야 하는 이유

서론
왜 지금 '공의회'인가

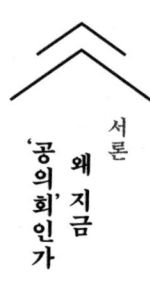

서론
왜 지금 '공의회'인가

사회사로 교회를 읽는다는 것

개신교인들에게 '공의회'라는 단어는 그리 익숙하지 않다. 더욱이 이 책에서 다루는 중세 시대와 그 이후의 공의회 역사는 가톨릭 역사라는 선입견으로 더 거리낄 수 있다. 이해할 만하다. 그러니 왜 이 주제를 공부해야 하는지, 정말 중요하고 유의미한 공부인지 그 정당성을 찾아볼 필요가 있다.

　　한국의 대다수 개신교인들에게는 '오직 성서'라는 가치가 뇌리에 매우 깊게 새겨져 있다. 종교개혁이 성서의 가르침을 벗어나는 가톨릭교회의 전통을 깨뜨린 사건이라고 믿기 때문이다. "성서로 돌아가자" 혹은 "초대교회로 돌아가자"는 주장이 그래서 대두된다.

그렇다면 개신교에서 성서의 권위 외의 다른 전통은 어떤 의미를 지닐까? '오직 성서'라는 명제 앞에 다른 전통은 무시되는 것일까? 그렇게 오해하기 쉽지만, 성서의 권위와 더불어 가톨릭교회, 동방교회, 프로테스탄트교회가 공히 인정하는 전통이 있다. 다름 아닌, 동방교회와 서방교회가 분리되기 전에 개최되었던 기독교 최초 일곱 공의회의 결정들이다.[2] 지금 개신교나 가톨릭 모두가 고백하는 삼위일체 신앙을 정립한 니케아신조는 바로 공의회의 산물이다. 이른바 개신교에서 수용하는 '양성론' 교리라고 알려진 예수 그리스도의 인성과 신성에 대한 고백도 마찬가지다. 이렇게 보면 개신교가 교회 전통은 무시하고 오직 성서의 권위만을 인정한다는 주장은 정확한 것이 아니다.[3]

그동안 삼위일체론이나 예수의 인성과 신성에 관한 공의회의 결정 사항들은 신학적·교리적 차원에서 이해되어 왔다. 그 과정에서 우리가 동의하는 범주에 들지 않는 것은 이단이나 이교라고 손쉽게 판단하고 규정해 왔다. 그것은 한 치도 틀리지 않은 옳은 판단이었을까? 동방정교회라고 통칭되는 러시아 정교회, 루마니아 정교회가 포함되는 그리스 정교와 더불어 가톨릭만이 이 초기 일곱 차례 공의회의 결정을 받아들였다. 경교라고 널리 알려진 네스토리우스파나, 시리아 정교회, 콥트 정교회, 에티오피아 정교회, 아시리아 정교회, 아르메니아 정교회 등 수많은 교파들은 예수의 인성과 신성에 대해 칼케돈 공의회(451)가 결정한 양성론을 받아들이지 않고 분리되었다. 비칼케돈파 혹은 오리엔트 정교회라고 불리는 이 교파들은 오늘날 전 세계적으로 7천만 명 이상의 신자들이 있다. 기독교가 공인된 후 100년 남짓 지난 시점에서 교회는 다양하게 분화되었다.

이쯤에서 한 가지 기본 사항에 대한 정리가 필요하다. 교회사를 정통과 이단의 관점, 교리 형성과 교리 정밀화의 단계로 접근하는 것은 바람직한 독법이 아니다. 이 책에서 다루는 공의회는 유럽의 사회사를 읽어 가는 한 수단이다. 사회사 관점으로 읽는다는 것은 공의회를 타협할 수 없는 교리의 형성 과정으로서가 아니라, 사회와 상호작용의 결과로 뿌리내리게 된 전통의 형성 과정으로 읽는다는 의미다. 공의회의 결정을 수용한 동방교회와 수용하지 않은 교회들은 제각기 독자적인 신학 위에 전통을 세워 나갔다. 그것을 현재 우리가 서 있는 신학의 관점에서 판단하는 것은 적절하지 않다.

한 걸음 더 나아가 보겠다. 로마의 콘스탄티누스 황제가 밀라노칙령을 반포해 기독교를 공인한 것이 313년이다. 분할 통치되던 제국을 그가 통일해 마침내 밀라노칙령의 효력이 로마제국 전체에 나타난 시점은 324년이다. 그 이듬해 무슨 일이 일어났을까? 바로 기독교 최초의 공의회인 니케아공의회(325)가 열렸다.

사회사 관점에서 바라보자면, 콘스탄티누스 황제의 기독교 공인이나, 최초의 공의회 개최는 아주 많이 다른 시각으로 읽힐 수 있다. 그가 기독교를 공인한 것은 커지는 기독교 세력을 힘

제1차 니케아 공의회(325년)에 참석한 주교들과 함께 있는 콘스탄티누스 황제가 니케아-콘스탄티노플 신경(381년)을 들고 있는 모습을 묘사한 성화

입어 제국의 일체성을 고양하고자 하는 전략이었다. 그러나 기독교 공인 이후 황제는 기독교 내부에 다양한 신학 사조와 경향들로 인해 큰 분란이 있음을 알게 된다. 이는 그가 의도했던 제국의 일체성에는 도움이 되지 않았다. 밀라노칙령의 효력이 제국 전체에 발생한 후 곧바로 공의회를 소집했다는 것은 콘스탄티누스의 의도가 무엇이었는지를 명확히 보여 준다.

그러면 니케아 공의회에서 가장 중요한 사건이 무엇일까? 교회사나 신학에 조금이라도 지식이 있는 이들이라면, 예수의 신성을 부인한 아리우스파를 이단으로 단죄하고 삼위일체 교리를 확립한 것이라고 하겠다. 그러나 사회사 관점에서 볼 때 더 중요한 점은, 교회의 중요한 사안을 다루기 위한 공의회를 황제가 소집하고 사회를 보았다는 사실이다.[4] 이른바 교회 문제에 세속 권력이 개입한 선례를 만들었다. 이러한 개입을 정당화하기 위해 교회사의 아버지로 불리는 가이사랴의 에우세비우스는 황제를 13번째 사도라고 칭했다. 황제의 교회 지배를 정당화하는 제국 교회 신학의 기틀이 마련되었다.[5]

그러나 콘스탄티누스 황제는 정밀한 교리 확립보다는 교회 내 분란 종식을 원했다. 이를 위해 지속적으로 정치적 합의를 종용했는데, 그 결과 황제는 삼위일체 교리를 수용하고 아리우스파를 단죄했지만 니케아 공의회 이후 돌이켜 아리우스파를 지지했다. 콘스탄티누스 황제는 죽기 직전 아리우스파 지도자인 니코메디아의 에우세비우스에게 세례를 받았다. 이쯤에서 알 수 있듯, 공의회를 사회사로 읽는 작업은 일정 부분 탈신화화가 불가 피하다.

제국이 주도한 초기 일곱 공의회

지금까지 공의회는 총 21차례 열렸다. 이 가운데 동방교회와 서방교회가 모두 받아들인 공의회가 최초 일곱 차례의 공의회다. 먼저, 이 일곱 공의회는 모두 오늘날 소아시아 지역에서 황제가 소집해 개최되었다. 당연히 그 당시 공통 언어였던 헬라어로 공의회가 진행되고 기록을 남겼다.

나머지 14차례의 공의회는 성격을 조금 달리한다. 여덟 번째 공의회는 제4차 콘스탄티노플 공의회다. 명칭만 보면 최초 일곱 차례에 이어진 공의회와 연속성을 띠는 것으로 보인다. 이 공의회 역시 황제가 콘스탄티노플에서 소집했으며 헬라어를 사용했다. 그러나 이 공의회는 동·서방교회가 분열을 야기했기 때문에 동방교회에서는 이 공의회를 인정하지 않는다.

이후 공의회는 모두 동방교회 지역이 아닌 서유럽에서 열렸고, 황제가 아닌 교황이 소집했으며, 헬라어가 아닌 라틴어로 회의를 진행했다. 이런 전환을 보면, 일곱 공의회 기간 동안 제도 교회를 둘러싼 교회 권력과 세속 군주 사이의 권력투쟁이 있었음을 미루어 짐작할 수 있다. 지나치게 정치적으로 기우는 독법도 문제일 수 있으나, 공의회 소집 및 의제, 결과에 배어 있는 사회·정치적 함의를 읽지 못한다면 우리의 이해는 교리의 문자적 해독 정도에 머물 수밖에 없다.

그런 점에서 최초 니케아 공의회에서 로마, 알렉산드리아, 안디옥 세 도시에 특별한 지위를 부여했다는 점을 눈여겨보아야 한다. 로마는 이탈리아와 서유럽을 잇는 당시 제국의 수도였고, 이집트의 알렉산드리아와 소아시아 지역의 안디옥은 초기 기독교 거점이라고 할 수 있다. 그런데 이 삼각 구도가 깨지게 된다. 330년 로마제국의 수도를 콘스탄티노플로 옮겼기 때문이다. 로마제국의 새 수도, 즉 새 로마가 된 콘스탄티노플은 로마와 수위권首位權 다툼을 벌이게 된다. 이것이 다른 지역의 반발을 샀던 것은 당연한 일이다.

수도를 콘스탄티노플로 이전한 후 로마는 자신의 지위를 잃을지도 모른다는 두려움에 빠졌다. 그래서 로마가 왜 기독교에서 가장 중요한 도시인지 그 의미를 부여하기 위해 골몰한다. 이 목적을 위해 로마 교회는 베드로를 통해 그리스도의 사도권이 계승되었다는 사도 계승 이론을 고안한다. 로마 교회가 그리스도의 지상 사역의 계승자요 사도 중의 사도인 베드로가 세운 교회라는 것이 이유였다.[6]

반면, 신생 수도인 콘스탄티노플은 멀리 떨어진 로마보다는 가까이 있는 안디옥과 알렉산드리아에서 우선 확고한 우위를 구축하고자 했다. 이 과정에도 각종 신비스러운 해석이 개입되고

최초 일곱 공의회(황제가 소집)	가톨릭이 인정하는 이후 공의회
325년 제1차 니케아 공의회	869년 제4차 콘스탄티노플 공의회
381년 제1차 콘스탄티노플 공의회	1123년 제1차 라테라노 공의회
431년 에베소 공의회	1139년 제2차 라테라노 공의회
451년 칼케돈 공의회	1179년 제3차 라테라노 공의회
553년 제2차 콘스탄티노플 공의회	1215년 제4차 라테라노 공의회
680년 제3차 콘스탄티노플 공의회	1245년 제1차 리옹 공의회
797년 제2차 니케아 공의회	1274년 제2차 리옹 공의회
	1311년 비엔 공의회
	1414년 콘스탄츠 공의회
	1431년 바젤-페라라-피렌체 공의회
	1512년 제5차 라테라노 공의회
	1545년 트리엔트 공의회
	1869년 제1차 바티칸 공의회
	1962년 제2차 바티칸 공의회

지금까지 총 21회 개최된 공의회 (*연도는 공의회 시작 연도)

정치적인 입장들이 고려된다. 주요 교회의 설립 사도에 대한 전승을 만드는데, 우선 로마는 베드로가 설립 사도로 인정되었고, 안디옥 역시 베드로가 한때 머문 지역이라고 해서 베드로가 세운 교회로 인정한다. 알렉산드리아는 베드로의 제자 마가를 설립자로 본다. 예루살렘 교회 역시 베드로가 설립자가 되겠다. 이렇듯 베드로나 그의 제자들이 각기 입지를 차지한다. 그렇다면 콘스탄티노플은 어떻게 설립 전승을 만들어 나갔을까? 콘스탄티노플은 새로운 로마이자 로마의 형제 도시다. 그래서 베드로의 형제 안드레를 설립자로 주장하고, 이는 오늘까지도 이어지고 있다. 결국 381년 콘스탄티노플 공의회에서 콘스탄티노플 교회는 로마 교회 다음의 위치를 차지한다.

제국의 수도를 콘스탄티노플로 옮긴 지 100년 후 서로마제국은 멸망한다. 그 멸망의 터 위에 로마 감독인 교황이 기독교를 중심으로 한 서유럽을 형성해 간다. 반면, 콘스탄티노플을 중심으로 한 동로마는 비잔틴 문명이라고 불리는 독자적인 기독교 문명을 1천 년 동안 더욱 발전시켜 나간다. 다시 정리하자면, 교황이 서유럽의 이민족들과 함께 기독교 문명을 일구어 가기 위해서는 그에 걸맞은 권위를 확보해야 했다. 그러나 이미 초기 기독교 일곱 공의회를 통해 황제 중심의 기독교를 완성했던 동로마제국은 거기에 어떤 것도 덧붙일 필요를 느끼지 못했다.

이런 이해관계의 충돌 가운데 열린 여덟 번째 공의회인 제4차 콘스탄티노플 공의회는 교회 내 성화상을 둘러싼 논쟁으로 동방교회와 서방교회가 분열되는 원인을 제공한다. 교회 내 성화상 사용에 관한 논쟁은 결국 1054년 동방교회와 서방교회가 공식적으로 갈라서는 핵심 요인이 된다. 그 후 서방 가톨릭교회는 독자적으로 공의회를 개최해 교회의 입지를 강화해 나간다. 그 결과 새로운 전통이 쌓인다. 초기 기독교의 일곱 차례 공의회 이후 열린 14차례 공의회는 모두 서방 가톨릭교회가 독자적인 전통을 마련한 것이다.

유럽사 속 공의회 역사: 교회와 사회의 상호작용

공의회 결정 사항의 신학적 함의 및 중요도와는 별개로, 공의회는 당대 교회와 사회가 맞닥뜨린 중요한 문제들을 해결하기 위해 출발했다는 사실을 잊지 않아야 한다. 서방 가톨릭교회에서 약 1,300년 동안 열네 번의 공의회가 열렸다는 것은 교회가 사회 문제에 대응하는 방식을 보여 주는 사례다. 이 때문에 가톨릭교회의 사회개혁을 '위로부터의 개혁*reformatio in capite et membris*'이라고 부른다.[7] 대략 1백 년에 한 번꼴로 열린 이 가톨릭 공의회는 중세부터 근현대까지 서유럽에서 마주한 심각한 현실에 대한 가톨릭교회의 대응을 보여 준다. 이 공의회의 역사는 교회와 사회의 상호작용의 기록 그 자체다.

서방 전통의 제도 교회에서 가장 중요하게 기억해야 하는 연도가 3개 있다. 바로 313년, 1215년, 1789년이다. 먼저, 313년은 로마제국에서 기독교가 공인된 해다. 이를 기점으로 325년 최초의 공의회가 개최되면서 제국에서 기독교 신학이 정립되기 시작한다. 이 해는 여러모로 복잡한 의미를 지닌다. 핍박받던 종교가 승리한 시점이라고 볼 수 있는 동시에, 기독교가 제국의 종교로 자리 잡게 되면서 더 이상 낮고 소외된 자를 돌보는 종교가 아니라 지배자의 종교, 승리자의 종교가 된 것이다. 이 시기가 우리에게 낯설지 않은 애국주의 기독교의 레토릭이 생성된 시점이라고 할 수 있다. 313년은 이렇듯 기독교의 성격에 돌이킬 수 없는 변화를 가져왔다는 점에서 중요한 해다.

다음으로, 1215년은 어떨까? 이 해는 역사에서 몇 가지 기념비적인 사건이 일어난 해다. 우선 잉글랜드의 존 왕이 마그나카르타(대헌장)를 반포해 근대 의회민주주의의 토대를 연 해로 주목을 받는다. 또한 100년 전에 시작된 십자군 원정이 끝을 향해 달려가던 시기다. 십자군 원정은 발달된 이슬람 문명과 이슬람이 보존하던 고전 문명들이 의도치 않게 서유럽에 수입되는 기회였다. 흔히 오늘날 대학의 뿌리라고 하는 우니베르시타스 universitas가 태동하고, 그 결과 12세기 르네상스라고 불리는 변화가 생겼다. 이 과정에 가장 큰 기여를 한 단일 요인은 이슬람 문명이다. 교회사에서 보면, 1215년은 제4차 라테라노 공의회가 개최된 해다. 이 공의회에서 화체설이나 칠성사 등과 같이 지금껏 이어지는 가톨릭의 중요한 신학 체계가 확립된다. 가톨릭 유럽의 확장과 발전의 결과물 중 하나가 교회 지배 정치체제의 완성인 것이다. 1215년의 제4차 라테라노 공의회는 유럽의 끊임없는 확장과 자신감의 표현이었다.

마지막으로 1789년이다. 바로 프랑스대혁명이 일어난 해다. 기독교 유럽의 대분열은 루터의 종교개혁으로 기인한 것이 아니다. 실제로 유럽이 세속화된 결정적인 전환기는 프랑스대혁명

이후다.[8] 계몽주의와 과학주의의 발전 속에 갈피를 잃은 가톨릭교회는 이러한 변화에 반동적으로 대응했고, 그 결정은 제1차 바티칸 공의회로 나타났다. 교회는 현실과의 접점을 상실하고 대중으로부터 점점 멀어져 갔다. 가톨릭교회는 양차대전을 거치며 대중의 열망을 외면하고 전체주의에 적극적으로 부역한다. 제2차 바티칸 공의회는 이처럼 벼랑 끝에 선 가톨릭교회의 혁신의 몸부림이었다. 가톨릭교회는 제2차 바티칸 공의회 전과 후로 전혀 다른 성격으로 구분될 만한 혁명적인 변화를 이끌어 냈다.

    이밖에도 중세 및 종교개혁 전후로 개최된 공의회들 역시 당면한 사회 현실에 대한 해답을 제시하고자 하는 시도였다. 그 결론들은 전통이라는 이름으로 차곡차곡 쌓였다. 단일한 권위에 기대기보다 시대에 부합하거나 시대에 반하는 새로운 권위를 만들어 냈다. 물론 이러한 시도가 신학적·교리적 오염을 야기하기도 했다. 그러나 1,300년간 가톨릭교회의 집합적인 시도는 우리가 따라야 할 전형(때로 지양해야 할 반면교사)의 역할을 한다.

전통: 언어·문화로의 전환

    이탈리아·스페인·포르투갈 등을 엮는 가톨릭 문화, 그리스 정교회와 동일시되는 그리스 문화, 잉글랜드와 성공회, 독일 및 북유럽 국가와 루터교회 등에서 확인할 수 있는 것은 무엇일까? 공통적으로 찾을 수 있는 바는 바로 민족과 인종과 종교적 정체성이 묶여 있다는 사실이다.[9] 독자적인 기독교 전통 형성에서 가장 중요한 두 가지는 민족과 계급이다. 이는 각각 언어와 그들이 생성하는 문화로 대표된다. 그것이 세대 간에 전승되는 것을 전통이라고 부른다.

예를 하나 들어 보겠다. 미국 몬태나주의 아름다운 자연을 배경으로 하는 영화 〈흐르는 강물처럼〉의 주인공 노먼 맥클레인의 아버지는 스코틀랜드에서 건너온 장로교 목사다. 그 집안은 조용하고 고상한 중산계급의 이미지를 반영한다. 노먼이 여자 친구 제시 집에 처음 인사 갔을 때 온 집안사람들이 기차역까지 마중 나와 왁자지껄하다. 어색해하는 노먼에게 제시의 어머니는 "우리는 감리교라서 그러니 장로교인이 이해를 해달라"고 말한다. 잉글랜드나 미국에서 감리교는 서민들의 종교였기 때문이다. 기독교 교파 내의 사회적 계급의식과 민족의식은 기독교에 부합하느냐 여부와는 무관하게 역사적으로 형성된 전통이다.

개신교의 성서 중심주의 전통은 근대의 산물이다. 그러나 이 근대적 전통은 텍스트가 나오게 된 콘텍스트를 무시한 채 텍스트의 경전성만을 지나치게 강조하는 텍스트 환원주의를 낳았다. 문자적으로 성서를 보는 입장과 창조과학이 주장하는 류의 해석이 맥이 닿는 부분이기도 하다. 그러니 이 전통에서는 문자주의적 해석만을 성서에 대한 신성성을 지지하는 것으로 혼동하기 쉽다. 적어도, 한국 기독교의 맥락에서 이런 근대성은 대단한 힘을 발휘했다. 다양한 관점의 가능성에 대한 고려는 한국 기독교의 근간을 흔들 수 있다는 공포심도 큰 힘을 발휘했다.

이러한 문자주의는 강력한 호소력을 가지고 있지만, 실제로는 지탱할 근거가 취약하다. 스위스 언어학자 페르디낭 드 소쉬르(1857-1913)는 언어라는 기호를 '기표signifiant, 시니피앙'와 '기의signifié, 시니피에'로 구분했다. 예를 들어 우리가 '장미'라고 할 때 그 발화되는 글자는 기표이며, 장미라는 용어를 얘기할 때 떠오르는 정신적인 이미지가 기의다. 그런데 장미jang-mi라고 문자로 표현될 때 모두가 동일한 기의를 유추하지 않는다. 영어권에서는 'rose'라고 표현될 때만이 한국어의 '장미'가 표현하는 기의를 끌어낼 수 있다. 이렇듯 기표와 기의로 구성된 언어는 그 자체가 이미 사회적 관습과 문화적 동의의 산물이다. 그렇기 때문에 다양한 인간의 경험 세계에서 표현되는 기표가 단 하나의 기의와 동일시될 수는 없다. 이는 언어를 통해 과거를 있는 그대로 복원한다는 것이 불가능함을 암시한다.[10]

문자주의적 성서해석이 풀어낼 수 없는 딜레마가 여기에 있다. 성서를 포함해 기표로 표현된 텍스트를 (과거를 있는 그대로 표현하는 것이 아니라) 기표의 나열이라고 한다면, 문자적 해석에 집착하는 것으로는 객관적 지식에 가까이 갈 수 없다. 따라서 우리가 취할 선택은 텍스트가 나온 콘텍스트 읽기로 범주를 확대하는 것이다. 사회적 콘텍스트 안에서 언어의 의미가 생산되고 조직되기 때문이다. 언어로의 전환은 곧 문화로의 전환으로 연결된다.

언어가 독자적인 문화를 생성하기 때문이다. 이는 헬라 문화권에서 비롯된 기독교가 중세 서방의 라틴 문화권으로 넘어오면서 형성된 라틴어를 기반으로 한 독특한 신학적 문화를 형성한 것에서 드러난다. 따라서 문화란 언어가 사회적으로 공유되고 합의되어 세대 간에 이어진 전통이라고 할 수 있다. 언어의 변환은 새로운 문화를 생성한다.

겸손, 낯선 '공의회 역사 여행'의 동반자

에둘러 왔지만, 하고 싶은 얘기는 이것이다. '성경 말씀대로 믿는다'는 것은 가능하지 않다. 그 발화되는 기표는 우리를 틀 지운 문화와 전통이라는 기의 안에서 이해될 뿐이다. 그러니 흔히 교회에서 간편하게 사용하는 진리와 비진리, 창조와 진화, 성서를 믿는 자와 그렇지 않은 자들이라는 이분법은 지적 무지 혹은 오만의 산물이다. 종교 전통과 진리를 감히 동일시하려는 시도이기 때문이다.

과도한 해석일까? 한 가지만 예를 들어 보겠다. 처음 중세 교회사를 강의했을 때 학생들로부터 가장 진지하게, 그리고 가장 많이 들었던 질문이 "가톨릭에도 구원이 있습니까?"였다. 그로부터 10년이 더 지난 지금은 달라졌을까? 아쉽게도, 그렇지 않다. 목회자와 비목회자 모두에게 가톨릭을 어떻게 바라볼 것인지는 여전히 민감하고 중요한 문제다. 질문한 이유를 물어보면 가톨릭의 연옥 교리나, 화체설, 면벌부 등이 성서의 가르침과 어긋난다는 것이다.

그렇다면 몇 해 전 한국을 방문했던 바르톨로메우스 총대주교가 대표하는 동방정교회는 어떨까? 그들은 개신교와 마찬가지로 초기 일곱 차례 공의회의 결정 사항만을 받아들인다. 연옥도, 면벌부도, 화체설도 거부한다. 개신교와 마찬가지로 사제들도 결혼을 한다. 그러면 한국 개신교에서 가톨릭보다 동방정교회에 대한 인식이 더 나을까? 선뜻 그렇다고 답하긴 어려울 것이다. 왜냐하면 개신교의 모체가 된 서방 라틴 신학의 언어·문화적 구조에 비해 동방교회의 언어·문화는 우리에게 훨씬 더 낯설고 이질적으로 보이기 때문이다.

물론, 앞에 나온 질문의 배경을 이해 못 하는 바는 아니다. 그럼에도 이런 질문을 하게 된 개신교의 의식구조에 대한 성찰은 필요하다. 이 질문의 전제는 '개신교 교리와 신학만이 정당하다'는 확고부동한 믿음이다. 그 확신 위에서 다른 신학 전통과 교파들을 재단한다. 이 전제에 대해 성찰적 자세를 요구하면 상대주의와 인본주의라는 비판이 서슴없이 나오는 것도 그 때문이다. 그러나 두 번의 천 년을 거치며 역사 속에서 다양하게 형성된 기독교 전통을 지금 내가 서 있는 자리에서 명확히 규정지을 수 있다고 여기는 것은 오만이다. 이는 결코 '진리'의 싸움이 아니다. 역사를 통해 우리는 내가 맞다는 확인이 아니라, 유구한 전통 가운데 나는 지극히 작은 일부분에 불과하다는 겸손을 배워야 한다.

역사를 통해 교회를 조망하는 일은 신앙의 틀을 깨는 것이 아니라 실존하지 않는 환상을 깨는 작업이다. 지금 우리에게 필요한 것은 자부심의 확인이 아니라 겸손의 회복이다. 이것이 교회와 사회의 상호작용이라는 사회사 관점에서 교회사를 읽어야 할 이유다. 적어도 변화하는 시대 속에서 기독교의 설자리는 어디인지, 존재 의미는 무엇인지 경청하는 마음으로 살펴보자는 것이다. 우리가 서 있는 자리가 겸손한 자리일 수밖에 없음을 깨닫자는 것이다. 그런 성찰 없이는 우리의 미래는 아득할 뿐이다. 오늘의 교회는 진리를 안다고 소리 높여 외치지만, 교회 밖 세상에서 그 외침은 잘 들리지 않는다. 그렇기에 잠잠히 역사에 길을 묻고 배우고자 하는 겸손한 구도의 여정이 절실한 때가 아닌가 싶다. 그것만으로도 우리가 공의회 역사를 살피는 낯선 여정을 떠날 충분한 이유가 될 것이다.

2

제4차 콘스탄티노플 공의회

동서교회 분열의 서막인가, 확장인가

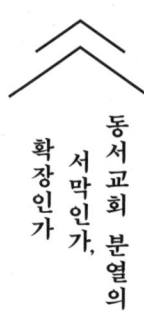

동서교회 분열의 서막인가, 확장인가

라틴 교회, 벗어남을 꿈꾸다

초대교회 사상의 중심지는 알렉산드리아와 안디옥이 중심이 된 동방교회 지역이었다. 서방 신학을 일컫는 라틴 신학은 일정 부분 동방교회 신학의 영향 아래 있었다. 서방교회의 신학적 해방은 북아프리카를 중심으로 라틴어로 된 신학이 발전하면서 이루어졌다. 성 히에로니무스의 불가타*Vulgata*역 성서번역이 그 중심 역할을 했음은 자명하다.

    자연스럽게 철학적 사고 위에서 발전한 동방교회와는 달리, 법과 제도 중심으로 신앙을 발전시킨 서방교회는 특이한 모습을 갖게 되었다. 그렇게 된 한 가지 이유는 헬라어에서 라틴어로 이루어진 언어의 변환 때문이다. 헬라어는 당시 공용어였다. 반면 라틴어는 이탈리아반도 중부 라티움 지역에서 쓰이던 지역 언어였다. 실제로 3세기 중엽까지 도시국가인 로마 내에서도 헬라어로 예배를 드릴 정도로 헬라어의 영향력은 절대적이었다. 하지만, 라틴 교회라고 지칭하는 서유럽을 중심으로 하는 교회가 발전하면서 신학 언어로서 라틴어가 서서히 등장하게 된다.

오늘날에도 성서번역 선교회들이 성서를 번역할 때 어려움에 부딪히는 이유는 소수민족 언어의 어휘가 부족해 성서의 어휘를 충분히 담아내지 못하기 때문이라고 한다. 이와 유사한 경험이 라틴어 성서번역에도 있었다. 그리고 어휘 선택은 곧바로 그에 따른 새로운 신학을 생성했다. 대표적인 사례가 동방에서 '성사聖事'를 의미하는 단어인 미스테리온 mystērion의 번역이다. 라틴어에는 이와 정확히 호응하는 단어가 없었다. 대체 단어로 선택된 용어가 새크라멘툼 sacramentum이다. 단어에서 유추되듯이 미스테리온은 '신비 mystery'라는 뉘앙스를 풍기며, 새크라멘툼은 풀면 해결될 수 있는 '비밀 secret'이라는 의미가 강하다. 특히, 로마 군대에서 새크라멘툼은 한 개인이 민간인의 신분을 벗고 군인으로서 서약하는 서약식을 의미하는 단어였다. 기독교적으로 적용하자면, 한 사람이 그리스도를 믿음으로 세속의 삶을 벗어 버리고, 이제 그리스도를 따르는 군사로 서약을 하는 서약식이 성사다.[1]

그러면 한번 생각해 보자. 동방교회에서는 성사란 그리스도의 신비를 더 깊이 체험하는 통로로 규정된다. 반면, 서방에서는 성사가 우리의 신분 변화를 상징하는 사건이 된 것이다. 언어의 전환이 가져온 신학적, 교리적 이해의 차이다. 성사를, 신의 신비를 향해 가는 여정의 출발 의식으로 보는 것이다. 성사에 대한 이러한 방식의 이해는 서유럽 지역으로 이주한 이민족들에게 집단 개종 시 베푸는 세례의 의미를 전달하는 데 매우 효과적이었다.

476년 서로마는 게르만 용병대장 오도아케르Odoacer에 의해 멸망한다. 서유럽으로 이주한 이민족들은 자신들의 민족적 전통을 지키면서 효과적으로 로마의 제도를 받아들여 정착한다. 이 두 전통을 연결하는 핵심적 역할을 한 것이 로마 가톨릭교회다. 실제로 로마 가톨릭교회는 서로마의 행정직제를 수용, 계승한다. 로마 교회의 수장인 교황이 흰색 옷을 입고, 가톨릭교회의 왕자들이라고 일컬어지는 추기경들이 자주색 옷을 입는 것은 로마 황제의 의상이자, 제국 제후들의 의상을 받아들인 것이다.

동방교회의 뿌리와는 다른 언어, 민족, 문화적 토양에서 서방의 라틴 교회는 독자적인 세력화를 꿈꾼다. 로마 주교인 교황은 동로마를 포함해 제국 전체에서 종교적 으뜸의 지위를 차지하는 것임과 동시에, 동로마의 황제와 비견될 수 있는 세속 군주로서의 입지를 다지고자 했다.

동·서방교회 분열, 오래된 미래?

이 과정에서 로마는 끊임없이 정당화를 시도했다. 정당화의 틀을 정교하게 만들어 간 것이다. 몇 가지 사례를 찾아볼 수 있다. 그중 하나가 서로마제국 영토에 대한 교황의 지배권을 정당화하기 위해 등장한 〈콘스탄티누스의 기증장〉이라는 문서다. 우선 결론부터 이야기하자면, 학자들은 9세기 무렵에 로마교황청 문서국에서 이 문서를 위조한 것으로 보고 있다.[2] 15세기 이탈리아의 문헌학자인 로렌조 발라, 독일의 성직자 쿠사의 니콜라스 등은 이 문서가 조악하게 위조된 사실을 밝혔다.

〈콘스탄티누스의 기증장〉에는 기독교를 공인한 황제 콘스탄티누스가 콘스탄티노플로 천도한 이유와 천도 이후의 이야기가 담겨 있다. 이 문서에 따르면, 콘스탄티누스가 문둥병을 앓고 있었는데 교황 실베스테르 1세로부터 치유를 받았다. 그 감사의 표시로 로마와 서방의 제국을 교황과 그 후계자들에게 넘기고 본인은 새로운 도시 콘스탄티노플을 건설해 옮겨 갔다는 것이다. 황제는 스스로 교황의 말고삐를 끄는 마부로서의 예를 갖추었다고 한다.

정확한 작성자가 누구인지 알려지지 않은 이 의문의 문서는 두 부분으로 이루어져 있다. 먼저 콘스탄티누스 황제의 신앙고백이 나오고, 이후에는 황제가 구체적으로 도시국가 로마를 비롯한 이탈리아반도와 서유럽을 교황에게 기증했다는 내용이 나온

실베스테르 1세가 콘스탄티누스에게 '위증 문서'를 기증하고 있는 것을 묘사한 프레스코화, 13세기경. 작자 미상

다. 우선 황제의 신앙고백 중에 특징적인 것이 있다. 바로 삼위일체 교리에 대한 고백이다.

　　이 문서에서 콘스탄티누스 황제가 삼위일체를 옹호하는 신앙고백을 했다는 내용은 논리적으로 부합하는 듯 보인다. 왜냐하면 콘스탄티누스가 밀라노칙령을 통해 기독교를 공인한 이후 삼위일체 교리를 둘러싼 교회 내부의 분열을 종식하기 위해 니케아 공의회를 소집하고 삼위일체를 반대한 아리우스파를 단죄했기 때문이다. 하지만 흥미롭게도 정치적인 관점에서 교회 일치를 꿈꾸었던 콘스탄티누스는 그 후 아리우스파를 복권시켰고, 죽기 전에 아리우스파 지도자 니코메디아의 에우세비우스에게서 세례까지 받았다. 그러니 역사적 맥락에서 보면 완전히 부합한다고 보이지 않을 수도 있다.[3]

　　만약 이 문서가 800년대 중엽 제4차 콘스탄티노플 공의회가 열리기 전의 어느 시점에 위조된 문서라고 한다면, 왜 이 삼위일체에 대한 신앙고백을 명문화했는지 생각해 봐야 한다. 그것은 이 문서가 8-9세기 서유럽의 상황을 반영한 것이기 때문이다. 좀 더 구체적으로 말하자면 서유럽 라틴 교회에서는 삼위일체나 아리우스파 문제가 여전히 지속되는 이슈였기 때문이다. 아리우스파란 예수의 신성을 부인하고 예수를 피조물 중 으뜸으로 보던 기독교의 한 분파였다. 이 문제를 해결하기 위해 최초의 교회 공의회가 325년에 열렸다. 그 후로 이어진 여섯 차례를 합쳐 일곱 차례의 공의회에서 결정한 사항들이 주로 성자를 성부, 성령과 더불어 삼위의 하나님으로 인정하고, 성자의 완전한 인성과 완전한 신성을 인정하는 내용이다. 초기 동방교회와 서방교회 모두 예수의 신성을 둘러싼 논쟁으로 여러 번 분열을 경험했다.

서방교회의 위협, 아리우스파

앞서 언급했듯이 아리우스파를 단죄하고 니케아신조를 통해 삼위일체를 인정한 니케아 공의회 후에도 여전히 아리우스파는 세력을 잃지 않았다. 더욱이 이 구도를 복잡하게 만든 것은, 본래 동방교회 지역에 근거를 두고 활동하던 아리우스파의 세력이 동방교회 지역을 넘어 서방으로까지 확장된 일이다. 선교 역사에서 독일인의 사도로 흔히 알려진 울필라스Ulfilas, 310-383는 바로 이 아리우스파가 게르만족 선교를 위해 파송한 선교사였다.

이러한 아리우스파의 확장 움직임은 로마 주교인 교황이 관할하는 서유럽 라틴 교회에는 지속적인 위협 요소였다. 교황은 서유럽 내에서 아리우스파의 영향력을 제거하기 위해 모든 노력을 기울였다. 그 결과 아리우스파가 장악한 서고트와는 달리, 프랑크왕국의 초대 국왕 클로비스 1세Clovis I는 496년 삼위일체를 신봉하는 로마 가톨릭을 받아들이게 되었다. 이로 인해 서유럽에 가톨릭 신앙의 든든한 근거지가 마련되었다. 그 공로로 프랑스는 오늘까지도 '교회의 장녀'라는 명칭을 얻게 된다. 하지만 그 후로

고트족에게 복음을 설명하는 울필라스. 그는 아리우스파가 게르만족 선교를 위해 파송한 선교사였다.

도 여전히 아리우스파는 에스파냐를 위시한 남부 유럽에 근거지를 두고 있었다.

아리우스파가 주장하는 핵심은 성자 예수는 성부 하나님과 동등하지 않다는 것이다. 아리우스파는 니케아-콘스탄티노플 신경에 수록된 삼위일체의 고백도 성자 하나님과 성부 하나님의 차이를 보인다고 주장한다. 그것은 니케아-콘스탄티노플 신경에 나오는 "성령은 성부에게서 발하시고"라는 표현 때문이다. 즉, 모든 만물의 근원이자 원천으로서 오직 성부만을 언급한 것이다. 이는 아리우스파에게는 성자가 성부와 같지 않다고 주장할 충분한 근거가 된다. 아리우스파가 여전히 건재하던 에스파냐에서 이 문제를 해결할 방책으로 "성령은 성부(와 성자)에게서 발하시고"라는 표현을 만들게 된다. 즉, '와 성자 *filioque*, 필리오케'라는 표현을 덧붙였다. 589년에 열린 제3차 톨레도 시노드에서 이 '필리오케'라는 단어를 삽입하는 것이 결정되었다. 그 후 라틴어 신경을 고백하는 지역에서는 이 고백이 사용되었다. 8세기 무렵에서야 아리우스파였던 롬바르드족이 가톨릭으로 개종했으니, 이렇듯 아리우스파 문제는 라틴 교회에 지속적인 도전이었던 셈이다.

하지만 아리우스파와 크게 관련이 없었던 동방교회 입장에서는 '필리오케'의 삽입이 어떤 의미가 있을까? 동·서방교회가 합의한 니케아-콘스탄티노플 신경을 서방교회가 일방적으로 파기한 셈이 된다. 한편으로 교리적인 이슈로 보일 수도 있지만, 실제적으로는 동방 신학을 중심으로 한 전통을 서방교회가 벗어나

는 것을 견제하기 위한 성격도 지니고 있다.[4]

두 번 열린 제8차 공의회

　　동·서방교회가 처한 콘텍스트의 차이 가운데서 양측 교회는 세력화를 위한 다툼을 벌이게 된다. 〈콘스탄티누스의 기증장〉 위조는 서방 가톨릭교회가 동방교회나 동로마제국 황제에 맞서 서방의 이민족들과 독자적인 세력화를 정당화하기 위한 기제였다. 한 걸음 더 나아가, 800년 교황 레오 3세가 프랑크왕국의 샤를마뉴에게 서로마 황제의 관을 씌워 준 일 역시 구체적인 행동이었다. 교황은 이제 서유럽의 수호자로서 역할을 하게 되었다. 그렇지만 여전히 동로마 황제는 자신이 서유럽의 후견인이라고 주장했다.

　　언어와 민족, 문화가 바뀌면서 신학이나 사유의 틀이 전환되는 것은 불가피해 보인다. 표면적으로는 '필리오케'의 경우처럼 신학적 논쟁으로 보일 수 있으나 사실상 정치적일 수밖에 없다.[5] 이것이 바로 동·서방교회가 인정하는 일곱 차례의 공의회가 지난 후, 여덟 번째 공의회가 열린 배경이다. 이 여덟 번째의 공의회는 넓게 보면 동방교회와 서방교회의 주도권 다툼이 본격화하는 신호탄이자, 200년 후의 결별을 미리 예고하는 오래된 미래였다.

첫 번째 공의회(869-870)

제4차 콘스탄티노플 공의회에서 가장 핵심적인 역할을 하는 인물이 콘스탄티노플(동방교회) 총대주교인 포티우스(820-891)다. 포티우스는 귀족 출신의 평신도였다. 858년 그는 6일 만에 사제가 되고 주교로 임명되었다. 곧이어 동로마 황제 미카엘 3세와 대립하던 콘스탄티노플 총대주교 이그나티우스가 강제 폐위되자 그 자리를 차지하게 된다. 이 구도 속에서 교황 니콜라우스 1세는 총대주교 이그나티우스의 편에 서서 동로마 황제와 대립한다. 그러니 당연히 신임 총대주교 포티우스와 로마 교황의 사이가 좋을 리 없었다. 로마 교황이 포티우스를 파문하자, 867년 포티우스는 교황 니콜라우스 1세를 파문하는 것으로 맞대응했다. 그 파문의 핵심적 사유로 지목한 것이 라틴 교회에서 니케아-콘스탄티노플 신경에 '필리오케'를 삽입한 일이었다.

포티우스를 둘러싸고 발생한 교회 분열을 해결하기 위해 황제는 교황의 동의를 얻어 공의회를 소집했다. 공의회의 목표는 자연히 동로마 황제 바실리우스와 로마 교황 간의 관계 개선이었다. 869-870년에 열린 이 공의회에서 황제 바실리우스는 교황의 뜻을 수용해 포티우스를 폐위하고 전임자 이그나티우스를 복권했다. 5차 회기에서 출석했던 포티우스는 자신을 정치적인 이유로 가야바와 빌라도에게 재판받는 예수에 비유하며 이 결정을 비판했다. 그는 로마 교회가 다른 교회보다 우위에 있다는 수위권을 거부했다. 또한 필리오케를 삽입한 서방교회의 결정을 다시 한 번

비판했다. 그러나 이 공의회에서 로마의 수위권은 재확인되었고, 콘스탄티노플은 동방 지역의 다른 세 총대주교구인 알렉산드리아, 안디옥, 예루살렘보다 우선적인 위치를 확정 짓게 되었다.

하지만 이 869-870년의 공의회는 본래 의도인 동·서방 교회의 일치로는 이어지지 못했다. 그 중심에는 불가리아가 있다. 슬라브족인 불가리아 선교를 둘러싸고 교회의 관할권 문제가 로마 교황과 콘스탄티노플 총대주교 사이에서 해결되지 못했다. 최소한 두 가지 문제가 있었다. 불가리아 선교를 하는 프랑크족 선교사들은 필리오케를 삽입한 니케아-콘스탄티노플 신경을 가르쳤다. 이는 동방교회 편에서 볼 때, 교회의 일치를 심각하게 훼손하는 행위였다. 그러나 결정적이었던 것은, 로마 교황의 지원을 받아 다시 콘스탄티노플 총대주교로 복귀한 이그나티우스가 로마 교황의 양해 없이 불가리아에 주교를 선임한 일이었다.[6]

이 사건은 동방교회와 서방교회가 표면적으로는 교회 일치를 주장하지만, 실제로는 교회 일치보다 지역적인 세력 확장에 더 관심이 있음을 보여 준 것이었다. 그도 그럴 것이 877년 총대주교 이그나티우스가 사망하자, 동로마 황제는 포티우스를 다시 콘스탄티노플의 총대주교에 앉혔다.

두 번째 공의회(879-880)

879년에 또 다른 공의회가 콘스탄티노플에서 열린다. 황제는 이 공의회에서 신임 교황 요하네스 8세(872-882 재위)가 포티우스의 총대주교직을 인정해 줄 것을 요청했고, 교황은 이를 승인했다. 이 공의회에서 나온 중요한 결정은 니케아-콘스탄티노플 신경에 필리오케 삽입을 금지한 것이다. 필리오케가 빠진 신경이 낭독되었고 이 구절을 삽입한 자들을 파문했다. 교황 사절단이 참여한 가운데 교황은 이 공의회의 조치를 수용했다. 따라서 10년 전에 열렸던 869-870년 공의회의 논의는 무효가 되었다. 교황 요하네스 8세가 이를 어느 정도까지 인정했는지는 논쟁의 여지가 있다. 분명한 것은 포티우스를 총대주교로 복권하는 일에 대해 교황 요하네스 8세가 동의했다는 사실이다.

이 공의회 소집 3일 후 동방교회와 서방교회의 대표자들이 불가리아 대사들과 만나 불가리아를 동방정교회 소속으로 하는 데 합의했다. 그 결과 불가리아는 동방정교회인 콘스탄티노플 관할 아래 들어가게 된다.

정리하자면, 포티우스를 둘러싸고 869년과 879년에 두 차례의 공의회가 열렸다. 869년 공의회가 열린 후 정확히 10년 만에 열린 879년 공의회는 앞선 결정들을 모두 무효화했는데, 이는 결과적으로 동방교회의 완승이라고 볼 수 있다. 그래서 가톨릭교회에서는 뒤에 열린 공의회(879)를 '거짓 8차*pseudo octavum*' 공의회라고 주장하면서 869년에 개최된 공의회를 제4차 콘스탄티노플 공의회로 인정한다. 물론 동방교회는 그렇지 않다. 동방교회 일부에서는 879년에 열린 공의회를 8차 공의회로 인정하기도 한다. 하지만 879년 공의회가 앞선 869년 공의회의 결정들을 철회한 역할에 불과하기 때문에 굳이 이 공의회에 별도의 의미를 부여할 필요를 느끼지 못해 공의회에 포함시키지 않는다.[7]

당시에 이 일을 분열이라고 인식했는지는 분명하지 않지만, 역사를 회고적으로 보자면 이 시기는 동·서방 분열이 싹튼 시기였다. 앞서 개최된 일곱 차례 공의회가 동·서방교회의 일치를 의도한 반면, 10년 간격을 두고 열린 이 여덟 번째 공의회는 그 자체로 분열을 예고하는 것이었다. 11세기 동·서방교회 분열의 시기에 이 논쟁은 다시 재현되었다. 동·서방교회가 서로를 파문해 궁극적으로 나뉜 1054년의 동서교회 대분열의 핵심 이슈 역시 '필리오케'였다는 사실은 새삼스럽지 않다. 동방교회와 서방교회의 분열은 교리를 넘어선 권력투쟁의 산물이라는 점이다.

제4차 콘스탄티노플 공의회, 어떻게 볼 것인가

따라서 879년의 합의가 교회 분열을 막은 것이었는지, 일시적인 봉합이었는지는 시각차가 있지만, 후자 쪽에 가깝다. 그러한 미봉책의 결과는 250년 후 공식적인 분열로 나타났다. 서방교회가 독자적으로 발전시켜 나간 라틴 신학 체계를 동방교회는 받아들이기 어려웠다. 분명한 사실은 동방이나 서방이나 교회가 정치화하면서 각각의 이해관계에 맞게 신학을 해석했다는 점이다. 그런 점에서 더 이상의 공의회가 열리지 않은 동방교회가 전통을 수정하지 않고 지킨 것이기에 더 낫다고 할 수도 없다. 다른 시각에서 보자면 동방교회는 제국 신학의 테두리 안에 갇혀 버렸다고 볼 수도 있기 때문이다.

이후 모든 공의회는 동방교회와는 직접적 연관이 없는 라틴 교회에서 개최한다. 물론 15세기에 열린 바젤-피렌체-페라라 공의회처럼 동·서방교회 분열을 종식하기 위해 개최한 예외도 있다. 제4차 콘스탄티노폴 공의회 이후 250년 동안 공의회는 소집되지 않았다. 1123년 교황이 기거하는 라테라노 궁에서 열린 공의회는 최초로 서방교회가 주도한 공의회였다. 교황이 소집한 최초의 공의회라는 점에서 서방의 자부심의 표현이었다. 그 공의회 소집을 정당화하는 전거로서 〈콘스탄티누스의 기증장〉이 인용된 것은 어쩌면 당연한 일이었는지도 모른다. 〈콘스탄티누스의 기증장〉 조작은 동로마 황제에 대한 교황의 우위를 의도한 것이다. 또한 '필리오케'는 서방교회의 필요의 산물이었다. 언어와 문화의 전환 속에서 독자적인 라틴 교회를 형성해 나가는 과정에서의 불가피한 부산물로 볼 수 있다.

언어와 문화의 전환 속에 분열은 피할 수 없는 일이기도 했다. 다른 한편으로 라틴 교회는 동방교회의 유산과 별개의 신학 전통을 만들어 감으로써 새로운 민족과 언어와 문화 위에 독자적인 중세 기독교를 형성할 토대를 놓았다. 이를 신학의 발전이라고 보아야 할지, 아니면 타락이라고 보아야 할지는 어떻게 해석하느냐에 달려 있겠지만 말이다. 그러나 서방 신학이 동방 신학의 사유를 넘어서지 않았다면 일어날 수 없었을 일이다. 그리고 이렇게 때로 도전적으로 보이는 교회의 적응과 변화는 시대의 흐름에 따라 가톨릭교회 내에 다양한 전통을 만들어 왔다. 그래서 우리는 중세 서유럽에서 기독교 '문화'가 꽃피었다고 말한다.

문화의 특징은 다양할 것이다. 기독교의 가치를 담보하는 문화도 있을 수 있겠고, 그와는 배치되는 문화도 있을 수 있을 것이다. 다양한 비판이 나올 수 있는 그 출발의 모형을 우리는 제4차 콘스탄티노플 공의회를 둘러싼 논쟁에서 확인할 수 있다. 이 공의회는 동방교회와 서방교회 모두가 새로운 문화와 언어에 맞게 진화하고 전환되는 기독교의 가능성과 동시에 위험성을 인식하고 경고한 처음이자 마지막 공의회라는 데 의의가 있다.

언어와 문화의 전환은 반드시 단절과 새로움을 만들어 간다. 그것이 기성의 주도적 전통과 배치된다 할지라도 말이다. 여기서 마지막으로 던지고 싶은 질문이 있다. 한국 개신교는 16세기 종교개혁 시대로부터 얼마나 발전해 왔을까? 한국 사회의 맥락에 부합하는 독자적인 신학과 문화를 생성해 오고 있을까? 한때 날것같이 거칠었지만 우리네 우물에서 우리네 신학을 긷던 이들이 그리워지는 건 그 때문인지 모른다.

어쩌면 우리는 뒤집어 묻고 답을 생각하는 과정이 필요할지 모른다. 분열은 불가피했다. 분열이기도 했지만 진화이기도 했기 때문이다. 마찬가지로 종교개혁 또한 그저 분열이라고 볼 수 없는 새로운 지평의 확대이기도 했지 않은가? 그 분열로 유럽에

갇혔던 기독교는 아메리카 대륙으로, 아시아 대륙으로 퍼져 나갈 수 있었다. 익숙한 것과의 도전적인 결별 없이는 새로운 것이 탄생할 수 없다.

물론, 서방교회 신학에서 '과유불급'이라는 단어를 떠올릴 수 있는 것들은 수도 없이 많았다. 그렇지만 부인하기 어려운 사실은 당대 정치, 종교 문화의 테두리 안에서 스스로 정화하고 조정해 가는 방식을 터득해 나갔다는 점이다. 그저 교리의 적확성이나 정밀성이라는 잣대만으로 평가하기에는 라틴 교회가 펼쳐 나간 신학적·정치적 상상력은 탁월했다. 그 종교적 상상력이 전통이라는 형식으로 뿌리를 내리며 서유럽은 독특한 기독교 문화를 쌓아 갔다. 이후부터 교황이 소집한 공의회에서는 긍정적인 의미에서건, 부정적인 의미에서건 당대 교회의 상상력의 결정체들이 생성되었다.

3

제1, 2차 라테라노 공의회

위로부터 이뤄지는 교회 개혁의 전형

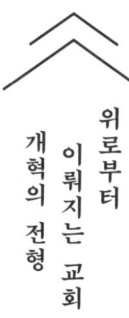

위로부터 이뤄지는 교회 개혁의 전형

최초의 서방 공의회, 그 배경 읽기

제4차 콘스탄티노플 공의회 이후 250년이 지난 12세기 중반에 잇따라 열린 제1, 2차 라테라노 공의회는 과거의 공의회들과 구별되는 뚜렷한 차이점이 있다.

우선, 서방 지역에서 최초로 열린 공의회다. 공의회 명칭은 대체로 개최된 지역 명을 따르지만 그렇지 않은 경우도 몇 있다. 라테라노 공의회나 가장 최근에 열린 바티칸 공의회가 그렇다. 두 공의회는 개최 장소인 로마교황청 궁전을 이름으로 삼은 경우다. 제1차 라테라노 공의회는 로마 교황이 최초로 소집해 로마교황청에서 개최되었으며 라틴어로 기록된 공의회다. 이렇게

라테라노 공의회가 열린 로마교황청 라테라노 대성전

된 이유는 1054년 동·서방교회가 공식적으로 분열되었기 때문이다.

1054년의 동·서방교회 분열로 인해 서유럽은 교황과 세속 군주들을 중심으로 하는 새로운 정치 지형이 요구되는 상황이었다. 유럽의 정치적 패권을 둘러싼 교황과 세속 군주들 사이의 갈등이 지속되는 가운데, 동·서방교회 분열 이후 70여 년 만에 공의회가 열린다. 이전까지 열린 공의회가 동로마제국 황제가 주도권을 쥐고 소집해 교회 문제에 간섭한 무대였다면, 서방교회 공의회들은 교황이 서유럽 국가와 교회의 관계에 대한 해법을 풀어나간 현장이다.

중세에 대한 단순하지만 강력한 편견 중 하나는, 서유럽 중세를 교황권이 지배하는 시대로 보는 관점이다. 서유럽에서 가톨릭이라는 종교가 절대적인 영향력을 행사한 것은 부인할 수 없으나, 이것이 교황 지배와 동일한 의미를 지니지는 않는다.

교황은 종신직이지만 선출직이기도 하다. 따라서 교황 선출은 본질적으로 누군가의 지명을 받아야 하는 정치적 사건이다. 교황을 가리키는 명칭 중 하나인 '로마 주교'는 로마의 유력 귀족이나 황제의 영향력 아래 선출되었다. 교회 역사에서 그런 사례는 아주 흔하게 찾을 수 있다. 밀라노의 주교가 된 성 암브로시우스 역시 정무적政務的 고려에 의해 평신도에서 단 몇 주 만에 주교직에 오른 인물이다.

교황은 신성로마제국, 프랑스, 잉글랜드 등 세속 국가의 군주들을 견제와 균형을 통해 통제할 수 있는 정치 감각과 능력은 물론, 국제정세를 읽고 활용할 수 있는 외교적 감각과 능력 또한 갖추어야 했다. 그뿐 아니라 교회가 세속 군주들과의 싸움에서 우위를 점할 수 있는 종교적 힘의 사용, 즉 교회의 권한으로 세속 군주를 파문하거나 특정 국가에 성무聖務 정지를 명령하는 일 등도 무시할 수 없는 역할이었다. 그러니 세속 군주들의 입장에서도 교황 선출에 영향력을 행사하고자 한 것은 당연한 일이었을 것이다.[1]

11세기 중엽부터 가톨릭교회는 세속 권력의 영향력으로부터 독립성을 확보하기 위해 추기경단에서 교황을 선출하도록 결정한다. 그 후로 '콘클라베'라고 불리는 정교한 교황 선출 절차가 마련된다. 그러나 추기경단의 구성은 당시 세속 군주의 영향력 정도에 따라 정해졌다. 신성로마제국 황제의 영향력이 강한 경우 추기경단은 신성로마제국 출신이 다수를 차지했고, 이는 교황 선출 결과로 이어졌다. 프랑스 왕의 영향력이 확대된 후로는 줄곧 프랑스 출신의 교황이 선출되는 결과 역시 자명한 일이었다.[2]

교황권과 세속권의 다툼

누가 성직 임명권을 가지는가

중세 유럽 사회에서 가장 큰 이슈 중 하나는 교황권과 세속권의 관계 설정이었다. 이는 가장 현실적인 문제들을 야기했다.

영향력 있는 세속 군주들이 주교들을 선출하던 전례에 따라 중세 서유럽 세속 군주들의 성직자 임명은 관행이었다. 기본적으로 성직자는 교회에 속한 신분인 동시에 국가의 주요 직책을 맡는 공무원 신분이었기 때문이다.

이를 두 가지 면에서 생각해 보면 우선, 성직자 입장에서는 국가와 교회 사이에서 누구에게 궁극적으로 충성할 것인가 대한 고민이 있다. 다음, 세속 군주와 교황의 관계 차원에서는 '누가 더 상위 권위인가' 하는 다툼이 있다. 독일 왕과 신성로마제국 황제의 관계를 예로 들어 보자. 신성로마제국 황제는 당연직으로 독일 국왕이다. 하지만 교황이 대관식을 집전하지 않으면 누구도 황제가 될 수 없다. 그렇다면 교황이 우월한 권위라고 할 수 있을까? 상황에 따라 다를 것이다. 교황권이 강할 때는 그럴 수도 있겠으나, 신성로마제국 황제는 세속 권력을 이용해 교황을 폐위하거나 직접 지명하기도 했으니 그렇지 않을 수도 있다.

962년 교황 요한네스 12세가 로마에서 오토 1세(912-973)의 황제 대관식을 거행한다. 서유럽에서 중앙집권 체제를 강화한 이 나라는 후에 신성로마제국으로 불리게 된다. 같은 시기 비잔틴제국의 동로마 황제를 중심으로 존재했던 '정교일치 제국'의 서유럽판이 탄생한 것이다. 서유럽의 봉건 체제 아래에서 황제는 제국의 귀족과 지방 영주, 주교, 수도원장과 주종 계약을 맺어 봉토를 하사하고 세속적인 권한들을 부여했다. 봉신들은 그 대가로 황제에게 충성 서약을 해야 했다. 문제는 신성로마제국 황제가 주교나 수도원장들에게 수여하는 권한 범위가 세속적 권한과 종교적 권한의 경계를 넘나드는 수준이었다는 것이다.

신성로마제국 황제 하인리히 3세(1017-1056)는 주교를 임명하면서 주교의 종교적 상징인 반지와 지팡이를 하사하는 의식을 진행했다. 자신을 서유럽의 실질적인 후견인으로 주장하는 교황 입장에서는 세속 권력이 교회 권력에 깊숙이 관여하는 이 관례가 못마땅했다. 그래서 세속 군주에 의한 성직 서임敍任을 놓고 교황과 세속 권력 사이에 일련의 갈등이 빚어진다. 역사는 이 갈등을 '서임권 논쟁 Investiture Controversy'으로 기록한다.[3] 언뜻 보기에 이 서임권 논쟁은 종교 권력과 세속 권력 사이의 갈등 같지만 실은 좀 더 복잡하다. 세속 군주가 주교나 수도원장들에게 영지를 수여하는 것은 주교들이 세속 권력을 갖는다는 의미다. 즉, 종교 권력이 타락할 여지가 생겨났다. 실제로 세속의 힘을 얻게 된 교회는 다양한 방식으로 부를 축적했다.

한편, 중세 유럽의 가톨릭교회는 제도적으로 혼인을 허용하지는 않았지만, 성직자들은 암암리에 아내와 첩, 자식들을 두고 있었다. 아비를 아비라 부르지 못하는 일이 조선 시대에만 있었던 건 아니다. 그래서 아들을 조카라고 부르고 그 조카들을 성직에 꽂아 주었다. 정실 인사를 의미하는 '네포티즘 nepotism'이 조카를 의미하는 '네포스 nepos, nephew'에서 나온 연유가 여기 있다.

이러한 중세 교회는 어떻게 작동했을까? 당시 교회는 기본적으로 수도원, 고위 성직자, 귀족, 부자 등이 후원자가 되어 세워졌는데, 이렇게 설립된 교회의 재정 관리는 교회의 최고 성직자에게 맡겼다. 교회 사제들에게 주는 생활비를 성직록benefice이라고 하는데, 교회가 세워지면 성직을 임명하고 성직록을 수여할 권리가 발생한다. 만약 교회가 수도원을 소유한다면 대개 수도원장이 성직록을 관리한다. 그런데 이미 한 교회나 수도원을 보유한 성직자는 자신이 새로 세운 교회에 거주하지 못하는 문제가 발생한다. 이 경우, 한 성직자가 여러 교회를 관리하는 '복수겸직pluralism' 문제가 생겨난다. 복수겸직은 당연히 '부재성직absenteeism'을 낳는다. 몸이 하나인데 동시에 여러 곳에 가서 성직을 수행할 수 없으니 대체자를 구해 그에게 자신이 받는 성직록 일부를 지불하고 교회 관리와 운영을 맡긴다. 이렇게 교회를 몇 군데 소유하면 부를 축적할 수 있는 구조가 완성된다.[4]

성직자의 은밀한 혼인 및 축첩, 성직매매, 복수겸직과 부재성직 등은 교권과 속권의 갈등과는 별개로 당시 유럽의 사회 문제였다. 주교들이 세속 군주로부터 영지를 하사받을 뿐 아니라 종교 권력의 상징인 반지와 지팡이까지 받았다는 점은, 세속 권력과 차별성이 없는, 권력과 유착된 종교의 문제를 여실히 보여 주는 증례다.

그레고리우스 개혁

서임권을 둘러싼 논쟁에서 교황에 의한 주교 서임의 정당성을 확보하고 세속 군주들과 다투기 위해서는 종교 권력의 내부

갱신이 전제되어야 한다. 그런 다음, 실질적으로 세속 권력을 견제하는 조치들이 마련되어야 한다. 이런 일련의 과정에서 중심에 선 중요한 인물이 교황 그레고리우스 7세(1015-1085)다. 그는 두 가지 조치로 역사에 기록되었다.

첫째, 그레고리우스 개혁으로 알려진, 로마교황청에서 시작한 성직자 개혁 조치다. 그는 성직자의 도덕적 청렴성을 강조하고 그에 수반되는 개혁 조치들을 단행한다. 1075년 사순절 시노드(성직자 회의)에서 교회의 관행적 부패와 파괴를 막는 조치를 취했으며, 교회 내에서 공공연하게 행해지는 성직매매를 금지하고, 사제의 독신 의무를 철저하게 시행한다. 이와 더불어 세속 군주 같은 평신도에 의한 성직 서임을 금지한다.

이러한 내부 개혁은 중세 유럽에서 교황권 확장에 크게 기여했다. 그 핵심은 신으로부터 위탁받은 유일한 권력은 교회 권력이며, 교황은 신의 재가를 받아 이 땅에서 대리인의 역할을 하는 자라는 내적 확신이다. 그러므로 교회에 대한 불순종은 신에 대한 불순종과 다를 바 없다. 이렇듯 교회 권력을 중심으로 유럽 사회의 질서가 형성되었다.

둘째, 그레고리우스 교황의 개혁 조치는 세속 권력과 마찰을 야기했다. 이것이 '서임권 논쟁'으로 확대된다. 그는 세속 군주와 같은 평신도에 의한 성직 서임이 불법이라고 선포했다. 또한 왕이나 제후가 도덕적 윤리적으로 치명적인 문제가 있을 경우, 교황은 그들을 폐위할 권한이 있다고 주장했다. 이 갈등은 1077년

'카노사의 굴욕'으로 역사에 기록된, 신성로마제국 황제 하인리히 4세와의 갈등으로 정점에 이른다.

교황의 반대에도 불구하고 하인리히 4세가 밀라노 주교 선출에 관여함으로써 갈등이 시작된다. 이 갈등 중에 하인리히 4세가 자신의 영향력 아래 있는 주교들을 충동해 교황의 폐위를 선언하자, 교황은 하인리히 4세를 파문하는 것으로 대응한다. 일이 이렇게 되자 애초에 하인리히 4세를 지지하던 이들이 그에게서 등을 돌린다. 다급해진 하인리히 4세는 당시 교황이 머물고 있던 이탈리아 카노사 성문 앞에서 맨발로 참회하며 교황의 용서를 구했다고 한다. 사흘이 지난 후 교황은 황제를 용서하는데, 이것이 끝이 아니다. 그 후 하인리히 4세는 권력을 회복하고 교황에게 복수한다. 그레고리우스 7세는 황제의 공격을 피해 이탈리아 살레르노로 피신했다가 거기서 쓸쓸한 최후를 맞는다.

'카노사의 굴욕'이 교황권의 우위를 확정 지은 사건은 아니다. 성직 서임권을 둘러싼 세속 권력과 종교 권력 사이의 다툼은 그로부터 반세기 이상 지속되었기 때문이다. 1122년 교황 칼리스투스 2세와 신성로마제국의 황제 하인리히 5세는 '보름스 협약Concordat of Worms'에 서명함으로써 논쟁을 종식한다. 보름스 협약은 현실을 감안한 타협책이다. 그 내용을 보면, 성직자에게 종교적 지위와 더불어 세속적 직분을 수여할 수 있는 권한을 인정한다. 종교적 직분인 주교 선출권은 교회에 있음을 확인했지만, 성직자를 세속 직분에 임명할 수 있는 권리를 세속 군주에게도

교회에 만연한 성직자의 부패를 막기 위해 로마 교황청에서부터 성직자의 개혁 조치를 취한 교황 그레고리우스 7세

부여한다.

　　보름스 협약은 로마 교황과 신성로마제국 황제 간에 체결된 것이라는 점에서 전 유럽 사회에 영향을 끼쳤다고 평가할 수는 없다. 잉글랜드의 사례를 보더라도, 1161년 캔터베리 대주교로 임명된 토머스 베케트(1118-1170)는 국왕 헨리 2세가 임명했다. 한때 국왕의 심복이었던 그는 캔터베리 대주교가 된 후 국가로부터 교회의 자율성 수호에 앞장서다가 비운의 종말을 맞았다. 13세기에도 캔터베리 대주교 임명을 두고 존 왕과 교황 인노켄티우스 3세 사이에 갈등이 발생했고, 결국 존 왕에 대한 교황의 파문 위협이 있은 후에야 문제가 해결되었다.

　　이렇듯 오랜 기간 동안 종교 권력과 세속 권력 사이에 갈등을 빚어 온 서임권 논쟁의 성격을 어떻게 봐야 할까? 세속 권력이 교회에 부당하게 개입하는 것을 막기 위한 조치라고 보는 관점이 타당할까? 그보다는 오히려 교회의 세속적 역할을 확정했다는 점에서 교회가 정치적 집단이라는 사실을 선명하게 드러낸 것이라고 봐야 하지 않을까? 이 논쟁은 중세 내내 이어졌고, 종교개혁기까지 연장된 교권과 속권 사이의 긴 싸움의 서막이었다. 교황이 꿈꾼 '교회에 충성하는 국가'와 세속 군주들이 꿈꾼 '국가를 위해 존재하는 교회'의 충돌, 이는 종교개혁을 이해하는 중요한 단초이기도 하다. 그런 면에서 종교개혁은 자연스럽게 국가 교회로의 전환을 낳은 역사적 사건이다.

그레고리우스 7세가 머무는 카노사의 성문 앞에서 맨발로 용서를 구한 하인리히 4세의 굴욕적인 모습을 묘사한 일러스트

서방교회 최초의 공의회

제1차 라테라노 공의회

공의회의 역사를 보면, 그 결정 사항 자체가 역사를 바꾼 사례도 있다. 기독교 교리 논쟁을 해소한 초기 일곱 차례 공의회가 그런 역할을 했다. 그런데 때로 공의회는 기존에 교회가 지향해 온 가치를 확정하는 경우도 있었다. 이 경우는 공의회의 결정문 자체보다 그 결정이 나오게 된 배경을 이해하는 일이 훨씬 더 중요하다. 대부분 서유럽 가톨릭 공의회가 그런 성격을 지닌다.

보름스 협약으로 서임권 문제를 마무리한 후 교황 칼리스투스 2세는 전 교회에 이 결정 사항을 공표하고 지속적으로 교회 개혁에 힘을 쏟고자 했다. 이를 위해, 보름스 협약에 서명한 이듬해 가톨릭교회 수장인 교황이 주도적으로 소집한 최초의 서방교회 공의회인 제1차 라테라노 공의회가 열린다. 이 자리에는 서방교회의 주교와 대수도원장 그리고 세속 제후 등이 모였지만, 동방교회에서는 아무도 참석하지 않았다. 동·서방교회 분열의 상징적 그림이다. 이 공의회에서 다루고 결정한 주요 사항들은 교회 개혁, 성직매매 금지 및 성직자의 도덕적 윤리적 개혁과 관련된 것들이다.

몇 가지 주요 내용을 살펴보면, 돈을 주고 성직을 얻거나 승진하는 일을 엄격히 금하며, 그러한 사례가 발각될 경우 그 직을 박탈한다(캐논 1). 또한 사제 출신이 아닌 사람을 주교로 임명하는 일 역시 금했고(캐논 3), 당대에 관행처럼 은밀하게 퍼져 있던 사제의 혼인 및 축첩을 엄격하게 금지했다(캐논 7). 사제나 부제, 수도사들이 혼인하거나 첩을 둔 것이 발각되면 혼인은 무효화하고 당사자들은 처벌을 받게 했다(캐논 21). 사제는 주교가 임명하며 사목 활동의 책임을 나누어야 했다. 사제들이 주교의 동의 없이 평신도들로부터 십일조나 헌금을 받는 것을 엄격하게 금했으며, 이를 어길 경우 교회법에 따른 처벌을 받는다고 명시했다(캐논 18).

이 공의회에서는 가톨릭교회 내부의 위계질서를 유지하기 위한 조치도 결의하는데, 이는 일반 성직자와 수도사 사이의 갈등을 중재하기 위해서였다. 교황청에서는 교회법에 따라 모든 수도사가 자신이 속한 교구의 주교에게 철저하게 복종할 것을 명령했으며, 이와 더불어 수도사들이 성직자의 영역인 사목 활동에 참여하는 것을 금지했다(캐논 16). 그리고 교회의 일에 관한 세속 권력의 개입 관련 조항도 있다. 성직자가 아닌 평신도가 교회의 일에 개입하는 것을 단호하게 금지했으며, 군주나 제후 등과 같은 비성직자가 교회 재산을 처분하거나 기부를 요구하는 경우, 이를 신성모독으로 간주하도록 했다(캐논 8). 또한 평신도가 신성한 교회 제단에 바쳐진 재물을 차지하는 것을 금지하고, 이를 어길 경우 파문할 수 있게 했다(캐논 12).[5]

제2차 라테라노 공의회

서방교회에서 개최한 최초의 공의회가 마무리된 지 얼마 지나지 않아 가톨릭교회는 교황 선출을 놓고 또다시 대립을 경험한다. 1130년 교황 호노리우스 2세가 사망한 후 추기경단 다수가 교회 개혁을 추구하던 그레고리우스 파파레스키 추기경을 교황 인노켄티우스 2세로 선출한다. 하지만 이에 반대한 추기경들이 신임 교황으로 아나클레투스 2세를 선출한다. 프랑스, 잉글랜드, 독일, 에스파냐의 국왕과 주교 등이 인노켄티우스 2세를 지지했지만, 아나클레투스 2세는 로마를 장악하던 노르만족의 지원을 받고 있었다. 이 분열은 아나클레투스 2세의 사망으로 8년 만에 종식되었다.

그 이듬해 인노켄티우스 2세는 교회 분열의 후유증을 없애고 교회 일치를 목적으로 공의회를 소집한다. 이것이 바로 제2차 라테라노 공의회다. 최소 500명 이상의 주교와 수도원장 등이 참석한 이 공의회에 동방교회의 안디옥 대주교가 참석했는데, 실상 그는 라틴 교회 출신이었다. 제2차 라테라노 공의회는 독자적인 의제를 가졌기보다는 대립 교황 아나클레토스 2세를 지지하던 세력을 단죄하는 목적을 지녔다. 이 공의회에서는 제1차 라테라노 공의회의 결정을 재확인하면서, 총 30가지 규정을 제정해 교회 개혁을 계속 추진해 나가기로 결의했다.

구체적으로 살펴보자면, 돈을 주고 성직을 사고파는 것을 금지하며 만일 발각될 경우 해당 성직자의 직무를 몰수하는 내용

(캐논 1, 2)이 들어 있어 당대 교회의 성직매매에 대한 엄격한 조치를 보여 준다. 더불어 성직자의 행실이 사람들의 모범이 되어야 함을 강조했으며, 악습을 벗지 못하는 성직자들의 직무를 박탈하는 조항도 있다(캐논 4). 성직자의 결혼이나 축첩 금지 규정도 반복해서 나온다(캐논 6, 7).

특히 눈에 띄는 것은, 이미 수도사요 성직자로 살기로 서약한 이들이 더 나은 보상을 받기 위해 법학이나 의학 같은 세속의 학문을 배우는 일에 대해 경고한 내용이다. 교회는 이들이 거룩한 목적에 따라 신을 기쁘게 하는 삶을 살아가는 데 방해되는 이러한 관행을 금지했다. 또한 이러한 관행을 시정하지 않는 주교나 대수도원장들의 직무를 박탈할 수 있게 했다(캐논 9). 그리고 종교적 목적으로 교회에 바쳐진 재물을 처분하는 일에 세속 제후나 귀족 등이 개입하는 것을 금지했다(캐논 10).

세속 통치자와 교회의 관계에 관해서는 좀 더 건설적인 결정도 나온다. "대주교나 주교와의 협의를 통해서"라는 단서가 붙어 있기는 하지만 세속 군주나 통치자가 신적 정의를 구현할 권한을 지녔음을 인정한 내용이 그것이다(캐논 20). 그러나 평신도로부터 교회 직분을 받거나 교회의 성직록을 받는 것을 금했으며, 평신도가 교회 재산의 처분에 개입할 권한이 없음을 재확인했다(캐논 25).[6]

하향식 개혁의 전형

지금까지 살펴본 제1, 2차 라테라노 공의회의 결의는 서방 교회가 탄생한 이래 교회 개혁에서 중요한 위치를 차지한다. 라틴 교회 공의회는 교회와 세속의 관계에서 교회의 결정 및 대응을 나타낸다. 그레고리우스 7세의 개혁에서 볼 수 있듯, 교회가 위기를 타개하고자 시도했던 방식은 하향식 내부 개혁이다.[7]

궁극적으로 교회가 내세울 수 있는 힘은 우월한 윤리를 바탕으로 한 도덕적 권위라고 할 수 있다. 중세의 모든 개혁이 자기 성찰을 중심으로 하는 수도원 운동과 연결되었다는 점이 이를 반증한다. 여기서 다루지는 않았지만, 그레고리우스 7세의 개혁 또한 클뤼니 수도원을 중심으로 한 개혁 운동이었다.

현대사회에서는 국가와 교회가 엄격하게 분리되어 있다. 하지만 기독교인들은 종교와 세속이라는 두 영역에 속한 이중의 신분을 가지고 있다고들 한다. 뒤집어 보자면 이 말은 종교가 정치화할 가능성이 농후하다는 의미이기도 하다. 최근 한기총 회장으로 선출된 목회자가 교회는 본래 정치적 집단이라고 평가를 한 바 있다. 더 나아가 대한민국을 기독교 정신으로 개조하겠다는 표현도 썼다. 한국 교회 보수 지도자들의 이런 언설들을 그저 '아무 말 대잔치'라고 무작정 무시하는 것이 해법일까? 실제로 역사 속에서 교회는 그런 정치적 유혹에 끝없이 노출되어 있었다.

이런 역사 현실을 외면하고 우리는 그들과 다르다는 것만으로 만족하기에는 구도가 그리 간단하지 않다. 오늘 우리와 무관해 보이지만 역사는 은근하게 반복된다. 그렇다면 제1, 2차 라테라노 공의회에서 발견할 수 있는 성찰점은 무엇일까? 그것은 교회의 내적 쇄신에 대한 지각이 해법이라는 것이다. 그것만이 세속적 정략과 무력이 난무하는 세상에서 교회의 권위를 내세울 수 있는 유일한 근거이기 때문이다. 다른 시각에서 볼 수도 있겠지만, 교회가 잃어버린 영향력을 회복하기 위해 필요한 것은 세속적인 힘과 정치력이 아니라 내부를 정화하는 자정 노력임을 제1, 2차 라테라노 공의회는 알려 준다. 이 공의회는 위로부터 이루어지는 하향식 개혁이라는 가톨릭교회의 오랜 전통이 마련된 공의회라는 점에서 의미가 있다.

그 역사의 길을 따라 걷다 보면 '현대판 성직매매'라 할 수 있는 교회 세습이나, 빈번하게 터져 나오는 목회자의 성 추문을 대응하는 한국 교회의 시각은 오히려 중세에도 미치지 못해 서글픔마저 든다. 한국 개신교에 위로부터의 개혁과 자정을 기대하는 것은 정녕 지나친 것일까?

4

제3차 라테라노 공의회

권력의 정점을 향하는 교회, 그 빛과 그림자

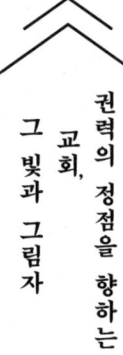

권력의 정점을 향하는
교회,
그 빛과 그림자

수도사들, 유럽을 만들다

서로마제국 멸망(476) 이후 서유럽은 가톨릭교회를 중심으로 게르만 이민족들이 새로운 문화를 만들어 갔다. 이 문화는 지중해와 소아시아를 중심으로 이미 확립되어 있던 헬레니즘 문명과는 전혀 다른 것이었다. 서유럽의 형성기(5-11세기)는 말 그대로 척박한 곳에서 새로운 문명을 생성해 내는 고단한 기간이었다. 그 정신적 지주 역할을 교회에서, 수도사들이 감당했다.

그 중심에 서 있던 것이 베네딕토 수도회였다. 누르시아의 베네딕토(480-543)가 창설한 이 수도회는 청빈과 순결, 순명順命을 서약하며, 노동과 기도로 그리스도의 가르침을 전하는 이들이

베네딕토 수도회의 창설자 '누르시아의 베네딕토'를 그린 프라 안젤리코의 프레스코화. 베네딕토 수도회는 기도와 노동, 청빈을 강조하며 수도원 내 생활을 지향했다.

었다. 서유럽 형성기에 이들이 끼친 영향을 고려할 때 베네딕토 수도회는 그저 단순히 하나의 수도회에 머물지 않는다. 성 베네딕토를 '유럽의 수호성인'이라 칭하고, 6-11세기를 '베네딕토 수도회의 세기'라고 부르는 것을 보면 영향력의 정도를 가늠할 수 있다. 그 시기 수많은 왕후장상이 나타나고 사라졌지만, 역사가 주목하던 이들은 무명의 수도사들이었던 셈이다.

이렇듯 기독교를 중심으로 독자적인 유럽을 형성해 가는 데에는 거의 다섯 세기가 걸렸다. 유럽이 안으로 만들어 갔던 문명은 봉건제도가 정착함으로써 완성 단계에 들어간다. 유럽 내부에 평화의 시기가 도래한 것이다. 그것을 상징적으로 보여 주는 운동이 11세기 프랑스에서 시작되어 확산된 '신의 평화' 운동이다. 호전성과 폭력성으로 상징되는 게르만 이민족들이 이제는 안정된 정치·사회·경제 구조를 만들어 가게 되면서, 사적인 제재나 폭력을 기반으로 한 질서 유지보다 정당한 공권력을 중심으로 한 질서를 지향한 것이다. 가톨릭교회는 '신의 평화' 운동을 통해 무법적인 약탈과 폭력을 금지하는 일종의 전투와 폭력에 관한 규칙을 만들어 내부 평화와 사회개혁을 이끌었다.[1]

유럽의 사회구조에 큰 영향을 준 장자상속제, 봉건제도 정착, 신의 평화 운동이 도래한 시점은 10-11세기였다. 1095년부터 시작된 십자군 운동은 예루살렘 회복이라는 대의명분과는 별개로, 고착되어 가는 유럽의 사회구조에서 새로운 돌파구를 마련하고자 하는 현실적인 목표가 있었다. 십자군 원정은 유럽의 호전성

1095년 우르바누스 2세는 십자군 계획을 위해 클레르몽 공의회를 소집했다.

과 폭력성을 '성전聖戰'이라는 명분으로 정당화한 것이라 할 수 있다. 다른 측면으로는, 유럽이 십자군을 결성해 예루살렘으로 향했다는 것은 유럽이 내부에서 쌓아 올린 자신감의 표출이기도 하다.

유럽은 1050년에서 1250년 사이에 전에 없는 확장을 경험했다. 인구 증가와 도시 생성, 무역 증대를 통한 화폐경제 활성화는 경제, 기술, 과학 등 거의 모든 분야의 발전을 가져왔다. 서유럽 역사에서는 장기간 지속된 이 발전과 변화의 시기를 '장기 12세기'라고 표현한다. 흥미롭게도 이 장기 12세기의 변혁과 발전을 주도한 세력은 교황청으로 대표되는 가톨릭이었다. 사회의 폭력적인 질서를 신의 평화라는 개념으로 완화하거나, 불합리하게 이루어지던 사적 제재 관행을 폐지하고, 정당한 재판을 통해 정의를 추구하려는 목적으로 도입된 종교재판 제도 등은 가톨릭교회가 주도한 사회 변화였다.

교황 중심제의 정점을 향해

이제 이러한 유럽 사회의 장기적인 변화를 교회가 어떠한 방식으로 견인했는지 살펴보겠다. 가톨릭교회 역사로 국한해 보자면 최초의 가톨릭 주도 공의회인 869년의 제4차 콘스탄티노플 공의회 이래 1,300년간 14차례의 공의회가 개최되었다. 이렇게 백 년에 한 번꼴로 개최된 공의회가 '장기 12세기' 동안에는 제1차

(1123)에서 제4차 라테라노 공의회(1215)까지 무려 네 차례 열렸다. 다시 말하자면 가톨릭 공의회가 유럽의 사회적·정치적 안정과 확장의 시기를 견인한 중요한 동력이었다는 것이다.

이런 점에서 볼 때 적어도 중세 유럽에서 교회사와 사회사는 분리될 수 없는 성격이라는 점을 알 수 있다. 교리의 결정이나 선포가 교회에 국한된 것이 아니라 사회적 선포였던 것이다. 앞선 장에서 살펴본 대로 제1, 2차 라테라노 공의회는 교회가 윤리적·도덕적 개혁을 추구해 사회 전반의 질서를 확립하고자 하는, 위로부터 이루어진 하향식 개혁이었다. 이와 더불어 서유럽 역사의 장기 12세기는 제4차 라테라노 공의회를 통해 '완성'되었다고 평가된다. 다시 말하자면, 이 기간은 교황 중심의 체제가 유럽 사회에 안착되는 흐름과도 연결된다는 의미다.

그렇다면 유럽 사회에 교황 중심의 강력한 정치 체제를 완성해 나가는 데 기여한 세력은 어떠한 것들이 있을까? 앞서 유럽의 형성기에 베네딕토 수도회의 역할이 주목받았다면 교황 중심의 유럽을 완성하는 데 실질적인 기여를 한 세력은 12세기 말엽 등장해 제4차 라테라노 공의회 전후로 정식 수도회로 인정받은 도미니크 수도회와 프란치스코 수도회다. 이들은 기도와 노동의 가치를 강조하며 수도원 내 생활을 지향하던 베네딕토 수도회와는 무척 결이 다르다. 사유재산을 소유하지 않는 청빈을 강조하며, 세속의 터에 내려와 탁발托鉢을 하며 생활했기에 탁발 수도회라고 부른다. 그들이 추구한 '사도적 청빈apostolic poverty'의 신선한 삶은 성직매매와 성직자의 축첩과 같은 제도 교회와 성직자의 타락에 염증이 난 대중을 매료시켰다.[2] 이들은 12세기 말부터 13세기 초 유럽 사회에서 대중을 대상으로 한 사목 활동과 더불어 교육 활동에서 두드러진 성과를 낸다.

그러나 모든 대안적 운동들이 가톨릭 제도 안으로 수렴된 것은 아니었다. 모든 권력이 교황을 중심으로 모이는 중앙집권의 이면에서는, 그에 인정받지 못하는 세력에 대한 탄압이 이루어졌다. 흥미롭게도 이 장기 12세기는 탁발 수도회와 같은 공인된 대안운동뿐 아니라 알비파와 발도파 등과 같은 집단적인 이단 운동들이 생겨난 시기이기도 하다.

1150-1170년 사이에 프랑스에서 생겨난 카타리파와 발도파는 기성 교회의 제도와 권력을 비판하며, 순결한 삶을 추구하는 자들이었다. 프랑스 남부 알비 지방을 중심으로 생겨나 알비파라고도 알려진 카타리파는 당대 가톨릭 제도 교회를 부정했다. 그들은 당대 가톨릭교회를 반대하고 독자적인 교회 직제를 만드는 등 파격적으로 세력을 확산해 나갔다. 이들은 직접적으로 제도 교회에 도전하는 등 위협 세력이 되었다.

반면, 발도파는 성격상 조금 차이가 있다. 프랑스 리옹의 상인이었던 피터 발도는 성경에 나타난 그리스도의 가르침을 추구하기 위해 자신의 모든 재산을 팔아 가난한 자들에게 나누어주었다. 그는 청빈한 삶을 추구하고 빈자들을 구제하는 삶을 살았다. '리옹의 빈자들'로 알려진 이들의 모습은 제도권으로 수용되

보름스 루터 광장에 세워진 피터 발도의 동상. 그는 12세기 청빈과 구제의 삶을 살며 '리옹의 빈자들'로 불린 발도파를 창시했다.

었던 프란치스코회의 모습과 크게 달라 보이지 않는다. 차이가 있다면 프란치스코회는 교황으로부터 수도회로 허가를 받았지만, 이들은 그렇지 못했다는 것이다.

중세 유럽 역사에서 카타리파와 발도파는 최초로 대중의 지지를 얻어 세력을 확장한 이단으로 알려져 있다. 가톨릭교회는 이단으로 지목된 세력들을 저지하기 위해 십자군을 파견하거나 종교재판을 통해 처벌하는 등의 조치를 취했다. 본래 예루살렘 성지 회복을 위해 결성되었던 십자군이 이제는 유럽 내부의 '다름'을 몰아내기 위해 소집된 것이다. 유럽이 장기 12세기라는 번영의 세기를 맞이한 이면에는, 유럽 내부에 존재하던 관용이 사라지고 차이와 다름에 대한 제도 권력의 탄압이 짙은 그림자를 드리우게 되었다. 카타리파 십자군(1209-1255)에게 정복당한 많은 수의 카타리파 추종자들이 종교재판을 거쳐 화형을 당했다.

제3차 라테라노 공의회(1179)는 중세 유럽에서 벌어진 일련의 긴박한 변화의 흐름 속에서 개최되었다. 그리고 이 공의회는 그로부터 37년 후 유럽사의 한 사건이 되는 제4차 라테라노 공의회의 길을 준비하는 공의회로 기억할 수 있다.

제3차 라테라노 공의회

소집과 의제들

1159년 교황 하드리아누스 4세 사망 후 추기경단이 양분되어 2명의 교황이 대립하는 상황을 또다시 맞게 되었다. 알렉산드로스 3세와 신성로마제국 황제 프리드리히 1세의 지지를 받은 대립 교황 빅토르 4세가 충돌해 가톨릭교회는 분열되었다. 빅토르 4세가 1164년 사망했지만, 분열은 이어졌고 그 후에도 2인의 대립 교황이 더 선출되어 알렉산드로스 3세와 대립했다. 이 교회 분열은 1177년 교황 알렉산드로스 3세와 신성로마제국 황제 프리드리히 1세가 베네치아 평화협정Peace of Venice을 체결하고 알렉산드로스 3세를 교황으로 인정함으로써 종식되었다.[3] 이 협정은 또 다른 의미에서 세속 권력에 앞서는 교황의 권력을 확인시키는 상징이었다. 이 협정에서 약속한 대로 교황은 공의회를 소집한다. 서유럽 전역에서 300명 이상의 주교를 포함해 1천여 명이 참석한 가운데 1179년 3월 라테라노 궁전에서 공의회가 열렸다.

일차적인 소집 목적은 20년 가까이 이어진 가톨릭교회의 분열이 종료되었음을 공식화하는 것이었다. 분열의 일차적 원인이 세속 군주인 신성로마제국 황제의 개입에 있었던 만큼, 이 공의회에서는 최우선으로 교황 선출 규정을 세부적으로 정했다. 아울러, 이 공의회에서 결정되어 가장 항구적인 영향을 끼친 것은 학교 설립 및 교육과 관련된 내용이었다. 마지막으로, 이 공의회에서는 유럽 사회에서 다름에 대한 타자화의 길이 공식적으로 열리게 되었다. 바로 유대인과 이슬람, 이단에 대한 조치였다.

교황제의 정점을 향한 걸음

이미 8세기 중반 라테라노 시노드에서 교황 선출 과정에 세속 군주 등 속인의 참여를 금지한 바 있지만, 교황 선출에 대한 세속 군주의 영향력은 쉽게 사라지지 않았다. 1139년의 제2차 라테라노 공의회에서 교황 선출에서 하위 성직자 및 속인의 동의 조항을 삭제함으로써 세속의 영향력을 제한했다. 그럼에도 영향력을 행사하고자 하는 세속 군주들의 시도는 계속 이어졌다. 1159년부터 1177년까지 이어진 교회 분열 역시 그러한 맥락에서 이해할 수 있다.[4]

제3차 라테라노 공의회의 결정문 가장 첫 번째는 교황 선출로 인한 교회 분열을 막기 위해 세부적인 조치를 마련하는 것이었다. 교황 선출권은 오직 추기경들에게만 주어졌다. 교황으로 선출되기 위해서는 추기경단 3분의 2의 동의를 얻는 것을 조건으로 했다(캐논 1). 그리고 이 3분의 2 동의 조건은 오늘까지 유지되고 있다. 물론 이 조항이 세속 군주의 간섭을 배제한 것은 아니다. 다만 장기 12세기가 지속되는 동안 마련된 이 장치는 교황권의 극성기를 향해 가는 상징적인 결과물로 볼 수 있다.[5]

성당 부속학교 교사 배치

제3차 라테라노 공의회에서는 장기 12세기의 발전에 부합하는 혁신적인 결정을 내린다. 모든 성당 학교에 문법 교사를 배치해 성직자와 가난한 학생들을 가르치게 한 것이다(캐논 18). 흔히 유럽의 장기 12세기가 낳은 최고의 가시적인 결과물을 고딕건축과 대학의 탄생이라고 부른다. 신을 향한 중세인들의 열망을 성당 건축을 통해 가장 극적으로 보여 주는 것이 고딕건축이다. 하늘을 향해 높이 솟은 첨탑과 천정의 하중을 아치형 교차 궁륭vault이 떠받쳐 내부의 두꺼운 기둥을 없앤 고딕건축은 당대 중세인의 수학, 기하학, 건축술의 총화를 보여 준다.

장기 12세기의 유형의 성취가 고딕 성당이라면 중세의 경계를 넘어 오늘까지 영속적인 영향을 주고 있는 지적 혁명은 바로 대학의 탄생이다. 형성 시기가 13세기로 대체적으로 합의되는 대학 제도는 중세 수도원 교육과 성당 부속학교가 진화한 것이다. 그 진화의 가장 중심적이고 상징적인 조치가 제3차 라테라노 공의회에서 정한 성당 부속학교에 교사를 배치하는 법령이었다.[6]

중세 연구자들은 고딕건축과 스콜라학을 가르치는 대학의 탄생으로 나타난 이 중세의 성취를 조각과 회화, 인문주의로 대표되는 15세기 르네상스와 비교해 '12세기 르네상스'라고 부른다. 장기 12세기의 결과를 12세기 르네상스라고 표현한다면 그 핵심은 지적 성취다. 전통을 '전수'하는 것이 목표인 수도원 교육에서 이제는 토론과 논쟁, 회의와 질문이 제기되는 스콜라학이 등장한 것이다.

재속在俗을 벗어나 존재하던 수도원 중심의 교육이 제3차 라테라노 공의회의 결정에 따라 재속 성당 부속학교를 중심으로 이루어지게 되었다. 이는 성직자를 양성하는 것이 주요 목적이던 교육이 정부 기관 등에서 관료로 일할 수 있는 법률가 및 행정가를 양성하는 것으로 확대되었다는 의미이기도 하다. 그중 일부 성당 부속학교가 한 세기 후 중세 대학으로 발전한다. 이 중세의 교육제도는 당대에 등장한 도미니크회 수도사들과 프란치스코회 수도사들이 대학에 참여하면서 스콜라학을 발전시킨다.

수도원에 갇힌 전통을 전수하는 대상으로서의 지식이 아니라 진보와 발전을 위한 매개로서 지식에 대한 새로운 인식이 들어왔다. 따라서 성당 학교에서는 교육받은 이들이 전문 분야에 종사하는 데 유익이 되는 실용적인 학문이 교육되었다. 이러한 체제는 후에 대학에서 문법, 수사학, 논리학, 기하학, 산수, 천문학, 음악 등을 포괄하는 3학 4과로 발전한다. 중세인들의 진보에 대한 인식은 1124년까지 샤르트르 대성당 부속학교 교사를 지낸 '샤르트르의 베르나르Bernard of Chartres'의 "거인의 어깨 위에 앉은 소인"이라는 표현에서 상징적으로 나타난다. 제3차 라테라노 공의회는 이 시대 변화를 읽어내고 독려함으로써, 중세의 지적 혁명에 중요한 토대를 마련했다.

○ 공의회 역사를 걷다

중세 시기 파리대학교 총장과 소속 박사들의 접견 모습. 제3차 라테라노 공의회의 결과로 생긴 가장 혁명적인 변화는 대학의 탄생이었다. 수도원 부속 교육기관으로 시작한 대학은 점차 체계를 갖추어 지적 혁명의 근원지로 자리매김하게 된다.

다름과 타자에 대한 제도적 탄압의 형성

끊임없는 확장으로 불리는 장기 12세기, 그 정점을 향해 가는 시기에 열렸던 제3차 라테라노 공의회는 그 성취만큼이나 깊은 그림자를 남겼다. 전에 열렸던 공의회와 마찬가지로 이 공의회에서도 성직자들과 교회 개혁을 위한 구체적인 조치들이 마련되었다. 성직자가 부정직하게 장례식이나 혼인식, 성례전을 베풀며 부정직하게 돈을 청구하는 일이 금지되었다(캐논 7). 또한 수도사나 성직자들이 정당한 이유 없이 수녀원을 방문하는 것도 금했다(캐논 11).

교회 내부적인 규율 강화와 더불어 제3차 공의회는 이전 공의회에서는 크게 부각되지 않았던 주제들이 제기되었다. 고리대금업에 종사하다 발각될 경우에도 파문되었다. 성직자의 성직 매매 및 혼인을 금지하는 동시에 사회의 가장 기초 단위인 가정을 이루는 결혼 제도를 통제하고 규율하려는 시도가 진행되었다. 이는 제4차 라테라노 공의회에서 성직 서임식과 혼인식을 성사로 규정하는 것을 통해 확정되었다. 동성애는 이 흐름 속에서 교회의 도덕 윤리에 거스르는 행위로 처벌의 대상이 되었다. 동성애가 발각된 사제는 사제직에서 축출되고 만약 속인이 동성애를 행하는 경우 파문에 처하게 했다.[7]

더불어 제3차 라테라노 공의회에서 주목할 것은, 가톨릭의 범위를 넘어선 타자에 대한 명시적인 차별이 확정되었다는 것이다. 유럽 내에 살고 있는 유대인들과 무슬림들이 그리스도교도인 하인을 보유하는 일을 금지했다. 또한 유대인과 그리스도교도 사이에 분쟁이 생길 경우 그리스도교도가 제시하는 증거가 항상 받아들여지도록 했다(캐논 26). 무슬림의 선박 건조에 자재를 제공하는 일을 금하는 결정도 통과되었다(캐논 24). 십자군 원정으로부터 생겨난 서유럽의 타자화 흐름이 유럽 내에 거주하는 유대인과 무슬림 공동체에 대한 구체적인 제약으로 이어진 것이다.

장기 12세기에 등장한 또 하나의 특징적인 집단인 카타리파와 발도파 등 대중 이단 운동에 대한 압박도 제시되었는데, 세속 군주들에게 이단을 억제할 의무를 부과했다(캐논 27). 교황제의 강화와 권력 집중은 유럽을 하나의 효과적인 그리스도교 공화국으로 만들어 갈 수 있게 했다. 그러나 이 흐름의 이면에는 그에 동조하지 않는 대중 이단의 등장, 이단에 대한 십자군 및 종교재판소의 설치 등과 같은 어두움이 자리 잡게 되었다.

그래서 장기 12세기는 '12세기 르네상스'라고 불리는 한편, 서유럽에서 '탄압 사회의 형성기'라고도 알려져 있다.[8] 이 시기에 대한 역사의 평가는 무 자르듯 명확하지 않다. 한 가지 예를 들자면, 중세 대학 형성의 한 축으로 스콜라학을 발전시켜 나가는 데 지대한 공헌을 한 도미니크회는 그 신학적 지식과 교리를 통해 이단을 만들고 처벌하는 데 앞장선 종교재판의 핵심을 담당했다.

제도화된다는 것의 명암

제3차 라테라노 공의회와 그 시기를 어떻게 규정하든 간에 장기 12세기의 혁신적인 변화를 부정할 수는 없다. 비록 여전히 실체에 대한 논란이 있기는 하지만 15세기 르네상스와 비교될 만한 독자적인 라틴 그리스도교 르네상스를 만들었기 때문이다. 이 변화의 중심에 가톨릭교회가 있었다. 당대 세속 군주들과의 세력 갈등 속에서도 안정적인 변화를 추동했다는 점에서 그 공은 충분히 인정받아 마땅하다.

하지만 이 시기는 제도 교회의 세력이 포괄할 수 없는 다양성이 생성된 시기이기도 하다. 지나치게 부유해지고 종교적 가치가 타협된 당대 교회에 맞서는 대안 흐름들이 등장했다. 그 흐름들은 대체적으로 시대가 포용하기에는 급진적인 형태를 띠었다. 프란치스코회나 발도파가 주창한 사도적 청빈이라는 이상은 본질적인 가치에도 불구하고 현실적으로 제도권으로 수렴되기는 어려웠다. 심지어 프란치스코회 내에서도 타협 없는 급진파와 온건파로 나뉘어 온건파는 제도권 내에 들어왔지만 급진파는 탄압을 받았다.

제도화는 명확한 규정을 지향한다. 그만큼 그 규정 안에 포괄되지 못하는 것은 항상 그림자로 남을 수밖에 없다. 제도화되고 집중된 권력은 사회의 안정을 추구하지만 동시에 효율적인 통제를 지향하기도 한다. 중세 서유럽 교황제의 정점을 향해 가는 과정이 타자에 대한 제도적이고 공식적인 탄압과 처벌을 강화하는 것과 연동되었다는 점은 여러 가지를 시사한다.

    제도화의 완성, 교리 체계의 정밀함이 반드시 바람직한 결과를 가져오지는 않는다. 자칫 한 집단의 정체성을 명분으로 제도와 교리를 강제할 경우 다양성은 억압된다. 진보와 발전의 이면에 자리하는 그림자를 보는 것이 역사를 읽는 지혜다. 장기 12세기가 정점을 향해 달려가는 과정에 열린 제3차 라테라노 공의회는 우리에게 잠시 멈추어 서서 침묵하며 성찰하기를 촉구하는지 모른다. 12세기 르네상스라고 불리는 지적 혁명의 다른 얼굴은 '탄압 사회의 형성'이었다는 사실을 우리는 무겁게 받아들여야 한다.

    우리의 과거 경험을 보더라도 그렇다. 한국의 산업화, 근대화가 이루어지던 그 이면에 다양성의 가치는 손쉽게 무시되던 날들이 길었다. 성장, 발전, 효율이라는 추상의 개념에 개인의 인권, 다른 생각, 다른 목소리는 효과적으로 묻혔다. 그런 점에서 이단이라는 규정은 때로 종교적 개념이기보다는 정치적 판단에 가까울 수밖에 없다.

    제3차 라테라노 공의회에서 결정된 법령에서 오늘 우리의 현실에도 낯설지 않은 용어들이 유독 눈에 많이 들어온다. 동성애, 유대인, 무슬림, 이단 등이 그것이다. 당대의 가톨릭교회는 사회의 도덕과 윤리, 기강을 바로잡는다는 지극히 정당한 목적을 내세웠다. 이를 위해 구체적인 불이익을 주고 처벌을 시행했다. 그러나 이 흐름을 가리켜 역사는 중세 '탄압 사회'의 형성이라고 평가한다.

    시대착오적 적용이라고 비판할 수도 있겠으나, 장기 12세기의 지적 진보와 변화의 흐름 속에 생겨난 타자화의 그림자와 언뜻 오늘 한국 교회 현실이 겹친다. 한국 사회와 교회, 신학계의 다양한 학문의 발전과 담론의 소개가, 우리 사회에 증폭되는 낯선 타자에 대한 배제와 혐오의 움직임 앞에 무력하게 비친다. 종교적 확신을 앞세우며 다름에 대한 증오를 정당화하는 한국 교회의 오늘을 후대 역사는 탄압 사회의 형성기라고 이름 붙일지도 모를 일이다.

5

제4차 라테라노 공의회

가톨릭교회, 삶과 죽음의 지배를 완성하다

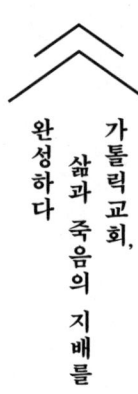

가톨릭 교회,
삶과 죽음의 지배를
완성하다

이번 장에서 살펴볼 제4차 라테라노 공의회는 중세 유럽에서 가장 중요한 공의회다. 그 때문에 대공의회 Great Council라고 불리기도 한다. 이 공의회에서 결정된 사항들은 오늘까지 이어지는 가톨릭 교회 교리의 틀을 놓았다. 그 결정은 루터의 종교개혁 뒤에 열린 1545년의 트리엔트 공의회에서 재확인되었다. 트리엔트 공의회에서는 교리적인 재고 대신 도덕적 개혁, 성직 개혁에 초점을 두었다. 그러므로 가톨릭교회가 오늘날에도 믿고 고백하는 그 교리들은 1215년 제4차 라테라노 공의회를 통해서 결정되었다 해도 지나치지 않다.

인노켄티우스 3세, 유럽의 절대군주가 되다

이 공의회를 소집한 교황이 인노켄티우스 3세(1198-1216 재위)다. 그는 중세에 탁월한 업적을 성취한 대표적인 교황 중 한 명이다. 그의 재위를 한마디로 평가한다면, 세속 군주들과의 투쟁을 통한 승리, 그를 통한 가톨릭교회의 번영을 성취한 교황이다. 인노켄티우스 3세의 시기부터 한 세기 동안 중세 교회는 종교적인 측면뿐 아니라, 세속 정치의 측면에서도 그 권위가 정점을 맞았다. 이 세속 권위의 상승에 걸맞게 교황청의 조직과 제도도 정비되었다. 이때로부터 교황 군주제 혹은 교황 신정정치가 완성되어 전 유럽을 호령하는 시기로 접어든다.[1]

인노켄티우스 3세의 이력을 더 살펴보자. 로타리오 데이 콘티 디 세니Lothario dei Conti di Segni라는 37세의 추기경이 1198년 교황 인노켄티우스 3세로 선출된다. 그는 파리와 볼로냐 대학에서 수학한 학자이자, 교황의 절대군주권을 추구한 탁월한 현실 정치가였으며, 교회의 도덕적 개혁과 내부 조직 개선을 성취한 사람이다. 그는 그리스도교 세계의 일치와 번영을 위해서는 교황이 최고 지배자요 최고 재판관이 되어야 한다고 주장했다. 유럽의 모든 것이 교황을 정점으로 이루어져야 한다는 것이다. 그는 사람들의 영적인 개혁, 도덕적인 개혁을 위해서는 실질적으로 교황이 그 개혁을 이끌어 나갈 수 있는 권세, 즉 세속적인 영향력을 가져야 한다고 생각했으며, 그것을 성공적으로 쟁취했다. 그는 제4차 십자군 원정을 기획한 인물이기도 하다. 예루살렘 성지 회복을 주창하고, 교회 개혁을 위해서 가장 중요한 공의회인 제4차 라테라노 공의회를 소집했다.

그렇다면 교황 인노켄티우스 3세는 어떻게 유럽의 절대군주권을 획득할 수 있었을까? 그는 당시 유럽의 3대 세속 권력이라 할 수 있는 독일, 프랑스, 잉글랜드의 세 군주와 세속의 문제를 놓고 대립해서 승리했는데, 이러한 세 차례의 분쟁을 통한 승리로 세속의 권한을 증대한다.

인노켄티우스 3세 이전의 교황은 신성로마제국 황제와 사이가 별로 좋지 않았다. 신성로마제국 황제와의 세력 갈등 속에 교황이 보유하고 있던 중부 이탈리아 교황령의 대부분을 잃어버린다. 신성로마제국 황제를 배출했던 호엔슈타우펜 왕가는 독일, 북부 이탈리아, 그리고 이탈리아 남부에 있는 시칠리아 지역도 통치하는 유럽의 거대한 권력이 되었다. 인노켄티우스 3세 시기에 신성로마제국 황제 하인리히 6세가 사망한다. 그에게 남겨진 자식은 겨우 네 살인 프리드리히였고, 이때 독일의 왕위 계승권에 관한 분쟁이 일어난다. 독일 제후들 중 왕을 천거할 수 있는 선제후들이 천거를 하자, 교황이 그 후보들을 심사해서 선출할 수 있다는 주장을 내세운다. 교황은 처음에는 오토 4세를 황제로 지지했다. 그러나 황제가 된 그가 이전에 한 약속을 어기자 교황은 신성로마제국 황제를 교황의 권위로 폐하고 어린 시칠리아의 왕 프리드리히를 황제로 옹립한다. 그렇게 인노켄티우스의 지원을 받

인노켄티우스 3세의 초상화. 세속 군주와의 관계에서 교황의 절대적 지위를 확립해, 교황 신정정치를 완성했다.

은 프리드리히가 독일의 지배자가 된다. 이로써 13세기 초반 신성 로마제국 황제를 옹위하고 폐위하는 데 교황이 실질적인 역할을 한다.

교황과 세속 권력의 두 번째 분쟁은 프랑스 왕 필리프의 이혼 문제와 관련된 것으로, 인노켄티우스 3세 직전 교황 재임 시에 벌어진 사건이다. 1193년에 프랑스 왕 필리프가 덴마크 공주 잉게보르와 결혼을 한다. 그런데 하룻밤이 지난 후 왕비와 불화해 느닷없이 혼인 무효를 선포한다. 이에 잉게보르와 덴마크 귀족과 인척들은 교황에게 항소를 했고, 교황은 필리프의 혼인 무효를 수용하지 않는다. 그러나 필리프가 이 결정을 무시하고 1196년에 재혼을 하자 새로운 교황이 된 인노켄티우스 3세가 1200년 1월에 성무 금지령을 발효한다. 그해 7월 재혼한 아내가 죽자 필리프는 더 이상 고집하지 않고 교황에 굴복하고, 교황은 성무 정지를 해제한다.

세 번째는 귀족들의 강요에 의해 대헌장(마그나 카르타)에 서명(1215년)한 것으로 잘 알려진, 잉글랜드 존 왕(1166년-1216년)과 교황의 다툼이다. 1205년에 캔터베리 대주교였던 휴버트 월터가 사망한 후 후임자를 놓고 왕과 교황 간에 갈등이 생긴다. 존 왕은 자신의 충복 존 드 그레이를 임명하고자 하지만 교황은 파리대학의 교수로 있던 스티븐 랭튼을 추기경으로 임명한다. 이에 반대한 존 왕에게 1208년 성무 금지가 내려졌지만 그는 굴복하지 않았다. 그러자 교황은 1209년 그를 파문하고, 프랑스 왕에게 잉글랜드 왕을 축출하도록 요청한다. 정치적으로 수세에 몰린 존 왕은 결국 굴복하고 교황과 봉신선서를 한다. 교황을 봉건제의 상위 군주, 주군으로 모시고 잉글랜드 존 왕은 봉신이 되었다. 그 밖에도 세속 군주들과 여러 번 다툼이 있었지만, 앞서 설명한 대표적인 세 사건을 통해 교황이 유럽의 군주들을 견제와 균형을 통해서 지배하게 되었다.

제4차 라테라노 공의회를 소집하다

성사의 규정과 화체설 확립

유럽 군주들을 실질적으로 지배할 수 있게 된 교황은 제4차 라테라노 공의회를 소집한다. 교회사 또는 중세 유럽사를 통틀어 인노켄티우스 3세가 성취한 가장 위대하고 항구적인 업적이 바로 이 라테라노 공의회다. 이는 오늘까지 이어지고 있다. 이 공의회는 중세 기간 소집되었던 공의회 중 최대 규모다. 400명 이상의 주교, 800명 이상의 대수도원장, 그리고 유럽 대다수 국가의 군주들이 참여하거나 대표단을 보냈다. 이 공의회의 두 가지 주된 목적은 '성지 회복'과 '교회 개혁'이었다. 목적만 놓고 보면 앞선 여타 공의회 소집 목적에 비해 크게 새로울 것이 없다. 그럼에도 이 공의회가 대공의회로 주목받는 이유는 무엇일까?

그것은 제4차 라테라노 공의회에서 21세기까지 존속되는 가톨릭교회의 교리를 확정했기 때문이다. 이 공의회에서 결정된 교리 중에 가장 첫 번째로 등장하는 내용이 가톨릭 신앙을 규정하고, 화체설 교리를 성찬 교리로 인정한 것이다(캐논 1).**2** 가톨릭교회에서는 그리스도인들이 이 땅에 살아가면서 천국으로 가는 여정의 올바른 길잡이로서 성사sacrament를 고안해 왔다. 이것이 1215년 라테라노 공의회를 전후로 해 '칠성사'라는, 지금도 가톨릭에서 유효한 교리로 확립된다. 세례, 견진, 신품, 고백, 성찬, 혼인, 종부성사 등이 그에 포함된다. 이 칠성사는 1215년에 라테라노 공의회 이후 확립되어 16세기 중반 트리엔트 공의회에서 재천명한다(칠성사에 왕의 대관식이 포함되지 않는다는 것은 그 당시 교회 권력과 세속 권력의 관계가 어떠했는가를 단적으로 보여 준다).

칠성사의 기능을 살펴보자면, 서유럽에서 태어난 개인을 가톨릭 공동체의 일원으로 수용하고, 그에 부합하는 삶을 살도록 독려하는 효과가 있다. 여기서 가장 중요한 핵심은 바로 개인 구원 여정이 교회라는 매개를 통해 이루어짐을 확정하는 것이다. 이것은 성사를 이해하는 데 있어 매우 중요한 요소다.

제4차 라테라노 공의회의 결정문에는 칠성사라는 표현 대신 가톨릭 신앙에 대해 설명한다고 되어 있다. 칠성사는 이 시기 전후로 점진적으로 확정된 교리인 것이다. 이 칠성사 제정으로, 속인의 삶과 신앙을 교회가 확고하게 통제하는 시기로 접어든다. 그것을 명확하게 보여 주는 사례 중 하나가 바로 제4차 라테라노 공의회에서 명확하게 규정한 고해성사에 대한 부분이다.

스스로 분별할 수 있는 나이가 된 속인들은 1년에 최소 한 차례 이상 자신을 잘 아는 교구 사제에게 고해성사를 해야 했다(캐논 21). 또 최소 1년에 한 번 부활절 기간에는 성찬에 참여해야 한다. 여기에 참여하지 않는 사람은 교회로부터 추방되고, 기독교식 장례를 치를 수 없게 된다. 이 말은 당시에는 곧 천국에 들어갈 길이 원천적으로 봉쇄된다는 의미였다. 교회가 개인의 삶과 죽음까지도 속속들이 간섭할 수 있게 되었다.

이러한 규정은 양면적인 것이다. 예컨대 혼인을 성사로 정한 것은, 결혼에 대한 가치를 높이는 이유도 있지만 한편으로는 교회가, 가장 기본적인 사회 단위인 가정까지 규정하고 통제하겠다는 뜻이다. 이런 것은 한편으로는 속인들의 종교적 열망인 거룩한 삶과, 천국에 좀 더 가까이 가고자 하는 기대를 충족시켜 주는 것이지만, 그 열망을 채워 주는 주체인 성직자의 영향력을 지나치게 비대화시켰다. 이제 가톨릭교회에서 성직자와 속인 사이에는 건널 수 없는 신분의 강이 생긴 것이다.

미사에서 성체, 빵과 포도주의 축성 행위, 이 성체성사를 행하는 것이 예배 의식에서 가장 중요한 요소가 되었다. 이는 한편으로는 성직자와 속인 사이의 신분적 차이가 확정됐다는 것이다. 그래서 제4차 라테라노 공의회의 결정 중 가장 중요한 단 한 가지를 꼽으라면 가톨릭의 공식 성찬 교리로 '화체설 transubstantiation'이 수용된 것이다. 화체설은 사제가 성찬대에서 빵과 포도주를 축성하는 순간, 외양은 변함이 없지만 그 실체는 예수 그리스도의 몸과 피로 변한다는 이론이다. 이 이론은 가톨릭교회 내에서 논란의 여지 없이 수용되었던 유일한 해석이 결코 아니었다. 1050년대 미사에서는 축성 시 빵과 포도주의 본질에 대한 신학적 논쟁이 발생했다. 베렌가리우스 Berengar of Tours, 999경-1088 와 란프랑코 Lanfranc of Bec, 1005-1989 사이의 논쟁으로 알려져 있다. 베렌가리우스는 축성 시에 그리스도의 몸과 피가 실제로 임재한다는 것을 배격하고 상징적으로 해석했다. 이에 반해 란프랑코는 그리스도의 실체가 임재한다고 주장했다. 이 대립되는 주장에서 가톨릭교회는 란프랑코의 입장을 취했고, 그 주장이 점차 지배적인 해석이 되었다. 그 결과로 제4차 라테라노 공의회에서 확정된 첫 번째 교리가 화체설이다. 이 교리는 이후 트리엔트 공의회에서 다시 확인되었다.[3]

차별의 제도화

앞선 내용들이 가톨릭 공동체 내부에 대한 조항이었다면, 그 외의 다름에 대한 점진적인 배제의 조치들도 정밀하게 규정된다. 대표적인 타자화 대상이 바로 유대인이다. 유대인과 무슬림은 그리스도인들과 구별되는 복장을 입도록 강제당했다(캐논 68, 69). 이후로 유럽 사회에서 그리스도인과 이교도라는 이분법적 구분이 실생활에서 실현된다. 우리가 제2차 세계대전 관련 영화나 사진에서 흔히 보는 '다윗의 별', 그 치욕의 별을 부착하게 된 것은 바로 이 공의회의 결정 때문이다. 성매매 여성은 식별할 수 있는

스페인 화가 후안 데 후아네스가 그린 성만찬. 성찬에서 빵과 포도주가 실제 예수 그리스도의 살과 피로 바뀐다는 것이 화체설이다.

매듭을 묶게 했으며, 문둥병자들은 방울을 달게 해 지나갈 때마다 사람들이 그들을 인식하고 대처하도록 하는 등의 차별을 고안했다. 그리고 유대인에 대한 차별은 좀 더 세부적이었다. 관직을 보유했던 사람들의 관직을 금했고, 이들이 수입원으로 삼던 금융업에 대한 규제를 강화한다. 부활절 주간에는 야간 통행 금지 등을 시행했다.

    이것은 두 가지 측면이 있다. 하나는 유대인 보호라는 측면이었는데, 이것이 보호가 아닌 또 하나의 차별의 기제로 작동했다. 그다음 세기인 14세기부터는 서유럽 각국에서 유대인들이 조직적이고 집단적으로 추방되도록 유대인 추방 정책이 펼쳐진다. 게토라 불리는 유대인 집단 거주 지역도 한편으론 보호 차원에서 시행된 것이라지만, 그 장기적인 영향을 보면 유대인을 차별하고 집단 따돌림과 학살의 희생자가 되도록 만드는 기제가 되었다.

    유대인 관련 조항은 당시 공의회에서 결정된 교리 중 단 네 개의 조항에 불과했다. 그래서 당시엔 그것이 오늘 생각하는 것만큼의 긴 역사적 파급이 있으리라 예상하지 못했을지도 모른다. 하지만 그 차별의 결과는 당대엔 상상하지 못할 정도로 오늘까지 이어지고 있다. 차별의 제도화, 이것이 바로 1215년 공의회의 결정이었다.[4]

교황 정치제의 완성

장기 12세기 동안 유럽은 절대군주의 권세를 지닌 교황 중앙집권제가 발전하는 흐름이 있었다. 제4차 라테라노 공의회의 결정에 명시된 것처럼, 종교재판의 도입 역시 유럽 공동체 내의 문제에 대해 교황이 최종적으로 판단하는 시대에 접어들었음을 보여 준다(캐논 19). 이전의 교회 권력이 상징적인 것이었다면, 이제는 세속 군주와 속인의 삶을 불문하고 모든 사람의 삶의 전 영역에 종교 규율이 작동했다. 그 기준에서 벗어나는 일탈 혹은 무질서에 대한 체계적인 대응도 등장한다.

교황의 권세가 강력해지면서 제도로서 교황제가 정비된다. 세속법과 교회법의 판단에 불만이 생길 때에는 최종 법원인 교황청papal curia에 항소할 수 있다. 그러면 교황은 어떻게 유럽의 실질적인 문제들을 행정적으로 간여할 수 있었을까? 유럽 대륙에서 교황청이 위치한 이탈리아반도는 지리적으로 전 유럽을 통제하기에 효율적이지 않다. 어떻게 교황이 알프스를 넘어 독일, 잉글랜드나 아일랜드까지 영향력을 확대할 수 있었을까? 바로 교황청 대사papal legate를 임명한 것이다. 예컨대 잉글랜드의 캔터베리 대주교가 교황청 대사를 겸하기도 하고, 로마에서 파송받은 대사가 상주하기도 한다. 그래서 로마교황청과 국가 사이의 갈등을 조정하고 중재하는 역할을 한다. 이러한 방식으로 교황은 효과적으로 전 유럽을 통제할 수 있었다.

그런데 교황이 전 유럽에 걸쳐 종교적 영향력을 확대하기 위해서는 막대한 재원이 필요했다. 이에 베드로의 펜스Peter's pence라 불리는 세금을 도입해 로마교황청에 바치는 것이 정착되었다.

이는 잉글랜드에서 시작된 관행으로, 재산세나 기부금의 한 형태로 로마에 매년 납부하는 것이었다. 보다 더 안정적이고 지속적으로 거둘 수 있는 수입이 있었는데, 이는 바로 성직자들로부터 직접 얻는 수입이었다. 성직자로 임명되는 이들의 최초 소득을 교황에게 납부하는 형식의 세금을 징수한 것이다. 사제들로부터 교황청이 징수하는 세금은 세속 군주와 갈등을 야기할 소지가 있었다. 이 세금은 결국 14세기 교황권이 약화되고 종교개혁의 분위기가 생겨나면서, 교황청과 세속 군주 간 갈등의 핵심 요소가 되었다. 제4차 라테라노 공의회 전후로 이 같은 방식으로 교황제도는 정비된다. 그리고 중세 유럽 내내, 적어도 종교개혁 이전까지 유지되었다.[5]

공의회, 가톨릭 신앙을 규정하다

가톨릭에서는 제4차 라테라노 공의회의 가장 중요한 성취로 사목 개혁을 꼽는다. 고해성사를 비롯해 칠성사가 완성되고, 화체설 교리가 완성되었기 때문이다. 그러나 여기에서 좀 더 고민스럽게 보아야 할 것은 성사가 확립되고 화체설이 수용되면서 나타난 성직자와 비성직자 사이의 차별이다. 성직보다 열등한 신분으로서의 속인laity이 규정되고, 그들은 교회에서 주체가 되기보다는 '아버지'인 성직자의 돌봄과 지도를 받아야 하는 '자녀'가 되었다. 긍정적으로 평가하자면, 가부장제의 성격을 지닌 교회가 그 구성원들의 행복과 구원을 위해 올바르게 영적 자녀들을 지도할 의무감이 증대되었다는 것이다. 그 표현이 이 땅의 고난받는 이들을 천국으로 안전하게 이끌기 위한 성사 제도의 완성이다.

인노켄티우스 3세가 교황이 되기 전 저술한 《인간 존재의 비참함에 대하여 De miseria condicionis humane》라는 책은 중세인들의 심성을 지배하던 죄의식 문화를 형성하는 데 기여했다는 혐의를 받는다. 이 땅에서 살아가는 유한하고 비참하며 죄악된 존재임을 끊임없이 일깨워 주고, 그 결과로 이 땅에서의 삶의 비참함을 감내하고 내세의 지복을 지향하도록 한 것이다. 이러한 의식의 흐름은 1215년에 제도화된 고해성사를 통해 비약적으로 퍼져 나간다.

따라서 중세 교회는 사람들에게 현세보다 내세 중심의 삶, 내세에 천국에 들어가서 그곳에서 안위와 복락을 누리는 삶을 많이 강조한다. 어떻게 그렇게 살 수 있을까? 비록 이 땅에서의 삶이 슬프고 괴롭지만, 교회가 부과하는 요구들을 잘 감당하면 천국에 들어가고 영원한 낙원에서 보상받을 수 있다는 약속 때문이다. 그러다 보니 가톨릭교회는 구원에 이르는 여러 장치들을 만들어 가게 된다. 죄악된 본성을 지닌 인간이 고단한 구원의 여정을 가는 길에 교회는 그저 통제의 기제로서가 아니라, 선한 의도 아래서 감당해야 될 역할이 커진 것이다. 이 땅에서 하늘의 뜻을 대리하는 대리자로서 제도 교회의 권위와, 그리스도로부터 그 권위를 대리해 수행하는 사제들 권능에 대한 고양이 일어날 수밖에 없는 구조로 접어든 것이다.

이제 사제는 성찬대의 축성을 통해 그리스도의 살과 피를 만들어 내는 신적 권한을 지닌 자가 되었다. 속인들의 고해를 듣고 적절한 벌을 부과함으로써 그리스도를 대신해 사죄를 선포할 수 있게 되었다. 그러므로 화체설이 확정되었다는 사실은 그저 여러 논쟁 중인 성찬 이론에서 한 이론이 수용된 차원을 넘어서는 사건이다. 미사에서 이제 가장 중요한 요소는 그리스도의 성스러운 몸과 피 *Corpus Christi*를 만드는 의식이 되었다. 그리고 성찬에 참여하기 위해서 모든 사람은 죄책의 고백과 사제의 사면을 통해 정화받아야 했다.

이러한 제도화가 도덕성과 종교성을 고양하는 도구임에는 분명하지만, 이것이 낳은 결과는 다르다. 성찬대에서 성체를 축성하고, 고해소에서 고해를 듣고 사면하는 주체가 누구인가? 바로 성직자다. 성직자와 속인은 그 신분상 분명한 차이가 생겼다. 교회와 성직자가 인간의 삶과 죽음의 여정을 지배하게 되었다. 그 지배의 속성은 사후에 대한 두려움이다. 그 결과 이 땅에 살면서 삶의 모범을 보여 준 이들을 성인으로 숭배하는 현상도 나타났다. 칠성사로도 안심 못 하는 이들을 위해 죽음 이후의 처벌까지 미리 면제하는 면벌부가 등장하고 확산된 것이다.

성직자와 속인의 분리는 기능적 분리를 넘어 사제의 신성성을 낳는다. 가톨릭 지배 체제의 완성이라는 이면에는 가부장제의 완성이라는 그림자가 드리워져 있다. 그 체제 안에서 옴짝달싹 못 하는 속인들은 그 지배 체제 속에 비정상적으로 등장한 면벌부 매매나 성인 숭배 등에 노출될 수밖에 없었다. 이 신적 권능을 지닌 성직자 지배 체제는 중세 말 루터의 종교개혁 때까지 이루어진 갈등의 한 축을 담당한다.

역설적이게도 제4차 라테라노 공의회를 통해 확립된 성사의 교리와 화체설 아래서 인간은 헤어날 수 없이 비참한 존재로 전락했다. 이 체제란 자유의 완성이 아닌 성직 지배를 통한 억압 체제의 완성이었기 때문이다. 이에 대응해 이후 반성직주의anti-clericalism가 본격적으로 등장한다.[6]

다음과 같은 질문으로 마무리해 보자. 잘 짜인 교회 구조와 탁월한 목회자와 정교한 교리가 우리를 정녕 자유하게 할까? 혹, 그 안에서 우리 삶의 자유는 질식당하고 주체가 상실될 위험은 없을까?

6

제1, 2차 리옹 공의회

종교개혁은 하루아침에 이루어지지 않았다

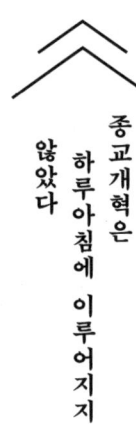

종교개혁은 하루아침에 이루어지지 않았다

중세와 근대의 맥락을 연결한 공의회들

19세기와 20세기에 각각 한 차례 열린 제1, 2차 바티칸 공의회를 제외하고 가장 마지막으로 소집된 공의회는 종교개혁에 대한 대응책으로 열린 트리엔트 공의회(1545)다. 지금까지 살펴보았던 공의회들이 서유럽 중세 가톨릭 형성과 연관된 것이기에, 유럽이라는 맥락에서 공의회의 역사는 트리엔트 공의회에서 일단락된다고 보아도 무리가 없다. 이쯤 해서 공의회 역사를 유럽사와 연결 지어 흐름을 잡는 것이 전체 구도에 대한 이해를 높이는 데 필요할 듯하다.

간단하게 정리하자면, 최초로 가톨릭이 개최한 독자적인

공의회는 유럽이라는 라틴 문명권에서 독자적인 그리스도교 문화를 형성해 가기 위한 시도였다. 이 흐름에는 동로마제국 황제의 간섭에서 벗어나 독자적인 권력을 형성하고자 했던 가톨릭 교황청과 서유럽 군주들의 의지가 반영되었다. 동로마제국의 영향력을 견제하고 대립한 결과 동·서방교회의 분열(1054)을 낳기도 했다. 서방 가톨릭교회는 그 힘을 한껏 밀어붙여 유럽에서 정치적으로는 봉건 체제의 최상위에 자리했다. 더불어 동방 신학과 구별되게 라틴어를 기반으로 하는 새로운 라틴 신학과 의식儀式들을 형성했다. 이 구도에서 상당 기간 서유럽 역사의 주인공은 가톨릭교회였고 교황이 서유럽 형성과 발전기의 실질적인 주도권을 행사했다. 교황의 요청으로 유럽의 세속 군주들 대부분이 참여한 십자군 원정이 두 세기 이상 이어졌고, 가톨릭교회가 주도해 칠성사七聖事라는 종교 체제를 완성했다. 그 변곡점에 자리하고 있던 것이 지금껏 살펴왔던 서유럽 중세의 공의회들이었다.

  앞 장에서는 서유럽사 전체에서 가장 중요한 사건 중 하나로 볼 수 있는 제4차 라테라노 공의회를 통해 삶과 죽음의 지배를 완성한 가톨릭교회를 살펴보았다. 정치적으로는 신성로마제국, 프랑스, 잉글랜드 왕과의 세력 갈등에서 우위를 차지한 교황이 유럽 지배 체제의 정점에 선 순간이기도 했으며, 종교적으로는 화체설과 칠성사의 완성, 연옥 교리 등을 통해 이 땅에서의 삶과 죽음 너머까지의 세계에 가톨릭이 절대적인 영향력을 선포했다.

  이 요점을 다시 한 번 정리하는 이유가 있다. 우선, 어떤 체제나 문화가 정점에 이르렀다는 것은 여러 의미를 지닐 수 있다. 정점에 섰다는 것은 완성의 의미이기도 하지만, 쇠퇴기를 앞두고 있다는 평가이기도 하다. 달리 표현하자면, 이제 서유럽의 정치와 종교는 교황 지배 체제와 가톨릭 교리의 완성으로 안정화에 접어들었다고 할 수 있지만 더 이상의 혁신은 일어날 수 없는 도전과 그에 대한 대응만이 남은 상황이라는 것이다. 그래서 "종교개혁은 하루아침에 이루어지지 않았다"는 다소 당혹스러운 제목을, 삶과 죽음을 완성한 공의회의 후속 공의회를 다루는 데 붙였다.

신학적·종교적인 함의와는 별개로 16세기 종교개혁은, 가톨릭교회를 중심으로 하나 되었던 유럽의 분열과 국민국가의 분화를 촉진해 이른바 근대를 열어젖힌 핵심 사건의 하나다. 이 관점에서 유럽사를 읽어 가고자 한다면 가톨릭교회와 중세 유럽 세속 국가들 사이의 세력 관계를 파악하는 것이 중요하다. 그러니 엄밀한 의미에서 종교개혁이 근대를 열었다는 표현은 정확하지 않다. 교회와 국가 간의 세력 관계가 재편되면서 세속 국가가 종교를 수단으로 삼고 지배할 수 있게 되었다고 보는 편이 더 정확할 수 있다.

우리가 루터, 츠빙글리, 칼뱅, 헨리 8세와 같은 인물들에 초점을 두고 종교개혁을 해석하고 바라보는 것이 가져올 수 있는 난점인 셈이다. '백마 타고 온 초인'에 기대어 역사를 해석하는 방식은 때로 우리 마음을 뜨겁게 달궈 줄 수 있을지 모르나, 시대의 아들로서 그 시대의 한계를 안고 있을 수밖에 없던 개인에 대해 제대로 된 평가를 내리지 못하게 된다. 루터와 칼뱅으로 표상되는 종교개혁자들에 대해 현대인들은 어떻게 평가하고 있을까? 종교개혁자들이 처했던 역사 속에서 평가하기보다는 저마다 자신이 지닌 신학적, 교리적, 정치적 입장에 따라 확연하게 서로 다른 견해를 보이고 있다.

강력한 지지자들을 규합할 수 있는 뜨겁고 강렬한 영웅 중심의 역사 해석이 가지고 있는 문제는 영웅으로 추앙되는 인물 역시 그 시대의 구조 속에서 형성되었다는 점을 간과하는 것이다. 루터나 칼뱅이 위대하다는 평가를 받을 수 있는 이유는 그들이 한 모든 행위가 역사의 흠결이 없었기 때문이 아니다. 그들이 기억되어야 할 이유는 시대가 가지고 있는 견고한 구조를 읽고 그 구조를 해체하고 새로운 구조를 만들었기 때문이다. 달리 표현하자면, 오늘 한국 교회가 마주한 암울한 현실에 대한 해답은 단순히 과거의 경험에 길을 묻는 데서 얻을 수 있는 것이 아니라 오늘의 구조와 구도를 정밀하게 읽어 내고 그 구조 너머를 볼 수 있는 힘을 기르는 데서 출발해야 한다.

제1차, 제2차 리옹 공의회를 다루어야 할 글에서 다소 맥락과 무관한 설명을 덧붙이는 것은 정점에 도달했던 가톨릭 지배 체제를 완성해 대★공의회로 불리는 제4차 라테라노 공의회(1215)와 종교개혁 후 새로운 트리엔트 종교를 만들었다고 평가받는 트리엔트 공의회(1545) 사이의 300여 년의 여백을 꼼꼼하게 읽고 채워 갈 때 종교개혁을 이해하는 새로운 관점을 얻을 수 있기 때문이다. 다소 낯설게 느껴지는 가톨릭 공의회 역사는 제도 교회의 구조와 구도가 형성되고, 도전을 받고, 대체되어 가는 흐름을 볼 수 있게 해 준다. 이것이 그저 교리적 읽기를 넘어 사회적 맥락에서 읽는 접근이 필요한 이유다.

이제, 공의회를 살피는 여정은 새로운 길에 접어들었다. 이 길은 노골적으로 정치적이며 사회적인 읽기 방식이 필요하다. 자칫 불순해 보일 수 있는 정치적·사회적 읽기는 종교개혁을 읽는 데까지 이어져야 한다.

제1차 리옹 공의회(1245)

왜 이탈리아가 아닌 '프랑스 리옹'인가

앞서, 중세 유럽사에서 단 하나의 가장 중요한 해를 꼽으라면 1215년이라고 한 바 있다. 그만큼 제4차 라테라노 공의회와 그 결정 사항, 공의회를 소집하고 시대를 이끌었던 교황 인노켄티우스 3세가 남긴 빛과 그림자의 흔적이 깊기 때문이다. 불안정하고 불완전한 중세라는 맥락에서 '완성'이란 교리적으로 존재할 뿐, 정치적으로는 그렇지 못했다.

1215년 유럽사의 대사건인 '대공의회'가 열린 후 30년 만에 제1차 리옹 공의회가 열렸다는 것은 그 자체로 몇 가지를 시사해 준다. 제4차 라테라노 공의회 이래 교회 권력이 큰 도전에 부덮혔다는 것이다. 또 하나 특이한 점이 있다. 교황청 궁전인 라테라노에서 열렸던 이전의 공의회들과 달리 이번에는 그 장소가 낯선 곳이다. 프랑스 리옹에서 열린 것이다. 그뿐 아니라 그 후 개최된 장소를 보면 리옹에서 두 차례, 프랑스 비엔과 독일 남부의 콘스탄츠, 스위스 바젤, 이탈리아의 페라라, 피렌체다.

이는 교황 지배 체제가 정치적으로 안정적이지 못했음을 보여 준다. 제1차 리옹 공의회는 정치적인 목적에서 열린 공의회라는 데 이견이 없다. 그러면 왜 교황은 이탈리아반도를 떠나 프랑스 리옹에서 공의회를 소집했을까? 여기서 당시 유럽의 지정학적 구도를 살펴볼 필요가 있다. 당시 교황은 인노켄티우스 4세였고, 유럽은 각각 신성로마제국 황제와 프랑스 왕이 세력을 양분하고 있었다. 인노켄티우스 4세는 당시 신성로마제국 황제 프리드리히 2세(1194-1250)와 세력 갈등을 겪고 있었다.

신성로마제국 황제 프리드리히 2세는 이 시기 유럽사에서 가장 핵심적인 인물 중의 하나다. 신성로마제국 황제의 지위에 더해 그는 실제로 시칠리아, 독일, 이탈리아의 왕으로 통치했다. 그뿐 아니라 십자군 원정을 통해 무혈로 예루살렘에 입성해 예루살렘의 왕이 되기까지 한, 중세 유럽에서 가장 큰 영토를 지닌 군주였다. 6개 국어에 능했다고 알려진 이 문제적 인물은 역사에서 높은 평가를 받는다. 그는 자신이 주로 거주하던 시칠리아에서 이탈리아 문학과 문예 활동을 지원해 문예부흥에 크게 기여했으며,[1] 고문에 의한 재판을 미신적이라는 이유로 불법화한 최초의 군주이기도 하다. 그와 동시대의 한 연대기 작가는 그의 탁월한 능력과 세력 확장뿐 아니라 문화와 학문에 대한 지대한 공헌 등을 들어 '세계의 경이 *stupor mundi*'라고 찬사를 보냈다. 또 그는 최초의 유럽인, 최초의 근대적 군주라는 수식어가 붙는다.[2]

프리드리히 2세의 이 거침없는 세력 확장은 교회에 커다란 위협이 되었다. 실제로 프리드리히는 교황령을 점거하는 등 교황의 권력 행사를 견제했고, 교황은 프리드리히 황제에 대한 파문으로 맞대응했다. 교회와 대립하는 황제를 교황청에서는 신심이 없는 세속인이라고 비판했다. 이 갈등 와중에 교황과 황제는 평화조약(1230)을 체결하고 파문을 철회하는 등 화해의 조치를 취했지만, 양측의 긴장은 길고도 오래갔다.

1차 리옹 공의회의 '정치적' 목적

교황 그레고리우스 9세의 뒤를 이어 1243년 인노켄티우스 4세 교황이 선출된다. 그는 제국 귀족으로 프리드리히 2세와 멀지 않은 사이였다. 하지만 곧 교황과 제국의 갈등이 유발된다. 1243년 여름 추기경 라니에리 카푸치가 부추긴 이탈리아 중부 도시 비테르보의 반란으로 교황과 제국 황제가 대립하게 된다. 라니에리 추기경은 프리드리히 2세 황제를 이단이자 적그리스도라고 부르며 비난했고, 이에 황제는 교황령을 점령하고 교황을 압박했다.

양자 사이에 체결한 평화조약은 깨졌고, 위협을 느낀 교황

1225년 프리드리히 2세(1194-1250)의 예루살렘 왕 대관식. 중세 유럽에서 가장 큰 영토를 다스렸고 최초의 근대적 군주라는 평가를 들으며, 교황인 인노켄티우스 4세와 세력 갈등을 겪었다.

은 로마를 떠나 프랑스 리옹으로 건너가 1245년 공의회를 소집했다. 리옹을 선택한 것은 신성로마제국의 영향력이 미치지 않는 프랑스 왕의 관할로 옮긴 것으로 정치적으로 교황청과 프랑스는 협력하는 모양새가 되었다. 30년 전에 소집된 대공의회의 규모와 비교할 때 겨우 150명의 주교들과 소수의 세속 군주 및 수도원장들이 참여한 초라한 수준이었다. 60년 후 교회의 아비뇽 유수(1309-1377)라고 알려진 프랑스 아비뇽으로 교황청을 옮기게 된 긴 역사는 여기서부터 출발한다. 그때부터 한동안 추기경단이 프랑스인으로 채워지고, 프랑스인 교황들이 선출된 것은 어찌 보면 당연한 일이겠다.

제1차 리옹 공의회는 이른바 그리스도교를 박해하는 세속 군주에 대항할 힘을 모을 목적으로 소집된 지극히 정치적인 목적의 공의회다. 개회사에서 교황은 "다섯 가지의 슬픔"이라는 제목으로 설교를 했다. 그 다섯 가지에는 성직자와 평신도의 나쁜 행동들, 성지를 점령한 사라센인들의 오만, 동·서방교회의 분열, 헝가리 내 타타르인의 잔혹함과 황제 프리드리히 2세의 교회 탄압이 들어 있다. 비록 순서로는 마지막이지만, 다섯 번째 문제인 황제의 교회 핍박에 대한 대응이 가장 핵심이었다는 점은 명확하다. 이어지는 회기에서 교황 인노켄티우스 4세는 프리드리히 2세를 이단이자 적그리스도라고 공격했다.[3] 나아가 바벨론 술탄의 친구이자 사라센의 친구라고 비난하며 황제를 교회로부터 파문하고 황제직을 박탈한다고 선언했다.[4]

종교개혁 시대에 신성로마제국의 황제였으며 전 유럽에서 가장 큰 영토를 통치한 카를 5세는, 세력 확장을 위해 교황에 대한 물리적 압박도 주저하지 않고 행사했다. 최초의 세계인 군주라는 평가를 듣는다.

이 황제 폐위 문서에는 150명 이상의 주교들이 서명한다. 교황은 교황청 직속의 탁발 수도회인 도미니크회와 프란치스코회 수도사들로 하여금 이 결정 사항을 지역 교회에 전파하게 했다. 하지만 황제 폐위와 파문은 그를 강제할 무력이 없었기 때문에 상징적인 선포 이상은 되지 못했다.

역사를 조금 더 들여다보면 이 프리드리히 2세와 매우 유사한 기시감을 주는 인물이 있다. 바로 종교개혁기 신성로마제국의 황제였던 카를 5세(1500-1558)다. 그는 카스티야와 아라공의 왕, 독일 왕, 이탈리아 왕, 에스파냐 왕 등의 지위를 갖고 전 유럽에서 가장 큰 영토를 통치한 인물로 해가 지지 않는 제국을 건설했다. 기도할 때는 에스파냐어로, 여성과 대화할 때는 프랑스어로, 말을 몰 때는 독일어를 썼다고 할 정도로 다양한 언어 능력을 지녔다. 독실한 가톨릭교도였지만 세력 확장을 위해 교황에 대한 물리적인 압박을 주저하지 않아, 교황청을 점령하고 라테라노 궁을 마구간으로 사용하기도 했던 무소불위의 권력자였다. 그뿐 아니라 1522년 마젤란의 세계 일주를 지원해 유럽 대륙을 넘어 그리스도교의 영향력을 확대한 군주였다. 그 결과 카를 5세는 최초의 세계인cosmopolitan 군주라고 불린다.

교권과 속권의 대립은 이제 본격적으로 시작되었다. 종교개혁기까지 이 대립 구도가 더욱 선명해진다. 그 핵심 인물들은 교황뿐 아니라 프리드리히 2세와 카를 5세 같은 세속 군주들이었다. 가톨릭교회의 시각에서 점증하는 군주의 영향력은 세속화의

반영이지만 일반 역사의 흐름에서는 근대 체제를 향해 한 걸음씩 나아가는 진보였다.[5]

제2차 리옹 공의회(1274)

두 가지 목적, 성지 회복과 교회 일치

제1차 리옹 공의회와 더불어 제2차 리옹 공의회를 묶어서 살펴보는 이유는 30년 터울이라는 시기적 근접성과 리옹이라는 공간적 유사성 때문만은 아니다. 제1차 리옹 공의회의 핵심 과제였던 종교 권력과 세속 권력 사이의 갈등이 또 다른 차원에서 진화했기 때문이다. 1274년 3월, 교황 그레고리우스 10세(1271-1276 재위)가 소집한 제2차 리옹 공의회는 유럽 전역으로부터 주교와 수도원장뿐 아니라 각국 대표단이 참석했고, 비잔틴제국에서까지 참가단을 보낸 대규모 공의회였다. 특징적인 것은 유럽의 고등교육기관으로 성장한 유럽 주요 대학의 대표들이 참가한 점이다. 중세의 위대한 신학자 토마스 아퀴나스가 이 공의회에 초청을 받아 참석하러 가는 도중에 사망한 사실은 잘 알려져 있다. 대학의 대표자들이 참석했다는 것은 장차 의미심장한 결과를 가져온다.

이 공의회의 소집 목적은 크게 두 가지다. 하나는 예루살렘 성지 회복이며, 다른 하나는 분열된 동·서 교회의 통일과 일치

였다.[6]

　　이 의제들은 당시 가톨릭교회와 동로마제국이 처한 긴박한 상황을 고스란히 반영하고 있다. 가톨릭교회는 신성로마제국 황제와 프랑스 왕으로 대표되는 유럽 내부의 세속 권력 속에서 교권을 지켜내야 하는 압박이 있었다. 또한 신성로마제국은 그 지경을 동로마제국으로까지 확대하고자 했다. 이는 비잔틴제국에 이중의 압박이 되었다. 한편으로는 동으로부터 이슬람 세력의 도전에다 서쪽으로부터의 공격이 더해진 것이다.

　　교황 입장에서도 세속 군주들의 과도한 세력 확장을 적절히 통제하고 견제할 수 있는 길은 십자군을 모집해 전선을 외부로 돌리는 것이었다. 성지 회복이라는 명분은 여전히 매력 있고 유효한 선택지였다.[7] 또한 필리오케 및 성화상 논쟁으로 분열된 비잔틴 교회와 일치를 회복한다면 다시 가톨릭은 그 입지를 회복할 수 있었다. 적어도 가톨릭과 동방교회의 이 같은 필요는 맞아떨어졌다. 제2차 리옹 공의회를 통해 동방교회는 서방교회와의 분열 원인이 되었던 니케아신경에 '필리오케'라는 문구를 삽입하는 것을 수용한다.[8] 그리고 교황의 수위권을 인정한다. 동·서 교회 분열이 정치적인 것이었다면, 동·서 교회 일치를 위한 이 결정 역시 정치적인 수준을 넘지 못했다. 표면적으로는 일치에 도달했지만 실제 동방교회 지역에서는 이 결정에 반발해 받아들이지 않는다. 그도 그럴 것이 이 공의회에서는 동방교회의 전통에서는 찾을 수 없는 연옥 교리를 규정했기 때문이다.[9]

2차 리옹 공의회가 남긴 유산

이 공의회 이후에도 동·서방교회의 일치에 대한 시도는 있었지만, 연옥이나 면벌부 교리와 같이 서방 라틴 교회가 독자적으로 제정한 교리를 동방교회가 받아들이지 못해 결렬되었다. 이 공의회에서 교황은 대규모의 십자군을 계획했지만 실제로 유럽의 군주들은 동조하지 않았다. 결국 그레고리우스 10세 교황이 사망하자 십자군 추진 동력은 상실되었다.[10]

소집 명분과 의제, 결정 사항과 무관하게 이 공의회가 남긴 의외의 유산은 각 국가의 대표단이 참석한 첫 번째 공의회라는 점이다. 공의회에서 교회의 고위 성직자나 수도원장들과 더불어 세속 국가의 군주나 대표자들이 참석하는 것은 당연하다. 그러나 이 공의회에서는 조금은 다른 형태의 대표단이 참석했다. 유럽 대학으로부터 온 대표자들이 바로 그들이다. 중세 유럽의 대학은 애초부터 국제적인 성격을 띤 교육기관으로 발전했다. 예컨대, 이탈리아의 볼로냐대학의 경우는 법학으로 유명했기 때문에 법학을 공부하고자 하는 이들은 전 유럽에서 볼로냐로 모여들었다. 신학의 중심지로 알려진 파리대학의 경우, 신학도들은 그 국적을 불문하고 파리로 집결했다.

대학에 모인 학자들과 학생들은 자신들의 권익과 이해를 위해 출신지별로 모여 이익집단을 구성했다. 출신지에 따른 집단이라는 의미의 네이션nation이라고 불린 이들은 국민단 혹은 동향단이라고 옮길 수 있다. 근대적 형태의 국가 의식이 생성되는 중세 말로 갈수록 공의회에서 이들이 차지하는 영향은 커진다. 앞서 언급한 아비뇽 유수 이후 교황청이 두 군데, 혹은 세 군데 동시에 난립한 교회대분열(1378-1415) 시대에 접어든다. 이 대분열을 매듭짓고 새 교황을 선출한 세력은 추기경단이 아니라 각 나라의 대표들인 국민단이었다.

교회는 마주한 고민을 어떻게 풀어 가야 할까

여기서도 다시 확인되지만, 교회사는 교회 내부의 교리 형성·발전의 역사가 아니다. 제도 교회와 그 교회가 서 있는 사회나 국가와의 상호 관계에 대한 기록이다. 공의회는 여러 중요한 교리들을 결정했지만, 어떤 면에서 그 텍스트 자체는 큰 의미를 갖지 못할 수 있다. 그 텍스트는 항상 텍스트가 자리하는 콘텍스트 안에서 읽을 때 의미가 있다.

종교개혁은 성서 해석이라는 텍스트의 발견에서 비롯된 것이 아니다. 유럽이라는 정치, 경제, 지리, 종교적 콘텍스트 안에서 장기적으로 진행되어 온 흐름의 결과물이다. 가톨릭이 제도적, 교리적으로 완성 단계에 도달한 1215년부터 약 300년간 이루어진 장기 지속의 결과물이다. 그 추동 세력은 교황이나 루터 혹은 칼뱅으로 대표되는 종교 권력이 아니라 프리드리히 2세와 카를 5세나 국민단으로 대표되는 국가권력이다.

이 관점에서는 종교개혁의 쟁점이 가톨릭과 프로테스탄트의 분열이 아니다. 가톨릭과 프로테스탄트를 포괄한 종교 권력과 세속 권력 사이에서 그 균형이 세속 권력으로 기울어졌다는 것이다. 그래서 유럽사에서는 16세기를 근대 국민국가가 자리 잡힌 시기라고 부른다. 사회사로 교회를 읽어 나간다는 것은 제도 교회가 일반 역사의 흐름과 동떨어져 존재하는 것이 아님을 확인하는 것이다. 교황제가 정점에 선 것이 결코 바람직한 일이 아니듯이, 교황제가 세속 권력과 경쟁에서 밀려난 것이 단순히 교회의 쇠퇴라고 규정할 일도 아니다. 종교개혁을 보는 시각도 마찬가지다. 종교개혁을 새롭게 읽어 갈 수 있는 긴 서사의 출발이 제1, 2차 리옹 공의회인 셈이다.

제4차 라테라노 공의회로 대표되는 제도 교회는 권력 절정기 뒤이어 발생한 세속 권력의 성장 앞에 당황했다. 그래서 이 문제를 과도하게 종교적인 의제로 풀어 나가고자 했다. 그 결과 나온 것이 근대적 성격의 군주를 이단, 적그리스도, 사라센의 친구라는 이름 붙이기였다. 가톨릭교회가 시대의 흐름을 읽지 못하고 세속적인 권력에 집착한 모습을 보인 것이다.

이쯤 되면 우리가 고민해야 할 바가 좀 더 명확해진다. 교회가 처한 고민을 신학적인 문제로 환원하는 것은 문맥에 어긋날 수 있다는 점이다. 신학, 교리나 텍스트 해석의 문제가 쟁점이 아니다. 대부분 고민해야 할 것은 교회가 자리한 사회 콘텍스트와의 상호작용에 관한 문제다. 현대에 우리 사회가 하고 있는 고민은 여러 단어로 표현된다. 기독교와 직접적으로 연결되는 것들도 여럿 있다. 차별금지법, 페미니즘, 낙태나 동성애 등에 대한 우리 사회의 고민도 여기에 속한다.

    이 사회의 흐름 속에서 교회는 어떤 태도를 취할 수 있을까? 일반 역사에서 최초의 근대적 군주, 최초의 유럽인이라고 불리는 황제 프리드리히 2세는 당대 공의회에서 적그리스도, 이단, 이슬람의 친구라는 명목으로 파문을 당했다. 물론 교회는 선언적 의미를 넘어선 조치를 취할 수단이 없었다. 가장 흔한 유혹은 복잡한 문제를 단순하게 환원해 적으로 만들어 대응하는 것이다. 어떤 목회자가 즐겨 하는 방식으로 맥락에 맞지 않는 '영적' 의미 부여를 하는 것도 그런 방법 중의 하나다. 교권에 대한 집착을 진리를 수호한다는 명분으로 외면하고 세상의 변화의 움직임에 대해 영적인 가치를 내세우며 대응하는 것은 '영적' 자폐다. 냉정하게 말하자면 그 같은 발언에 문제의식을 느끼지 못하고 내부의 집단 논리에 매몰되어 동조하는 이들은 모두 영적 자폐 증상을 보이는 것이다.

    제4차 라테라노 공의회에서 성취한 교황권의 극성기는 교회가 서야 할 바른 자리가 아니다. 그 이후 쇠퇴의 여정은 다른 의미에서는 제자리를 찾아가는 여정이다. 그 자리는 가장 낮은 자의 자리여야 한다. 이를 인정하고 받아들이지 않고 영광의 날에 대한 기억만 있을 때 변화하는 사회에서 제자리를 찾아가기 어렵다. 교회가 마주한 도전이 과연 타자를 적그리스도, 이단, 무슬림의 동조자라고 규정해 적을 만들어 가는 식으로 극복해야 하는 것일까? 그리스도인들은 과도한 종교적, '영적' 해석에 몰두하기보다 사회 맥락 안에서 논리적으로 해석하는 법을 키워 가야 한다. 결국 중세 말 교회가 분열된 종교 내부의 문제를 각 국가의 대표단 nation이 결정하는 지경에 이르렀다는 것은 교회의 자정 능력 상실을 보여 준 반증이다.

역사는 다시 묻는다. 오늘 교회가 마주한 복잡한 고민 앞에서 교회는 어떻게 대응하고 있는가? 어떻게 대응하는 길이 교회가 사는 길일까?

7

비엔 공의회

교회여, 낮은 청빈의 자리에 설 수 있는가

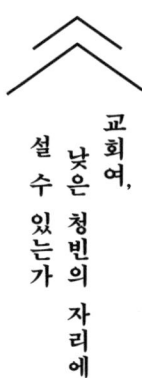

교회여, 낮은 청빈의 자리에 설 수 있는가

교황청의 '바벨론 유수'

앞에서 제1, 2차 리옹 공의회를 다루면서, 16세기 종교개혁은 가톨릭과 개신교의 대립 구도로만 볼 것이 아니라 교회 권력과 세속 권력의 대립이며, 그 대립의 결과, 세속 권력이 승리했다는 측면에서 볼 수 있다고 언급한 바 있다. 비엔 공의회(1311) 전후로 이 흐름이 점점 구체화되어 갔다. 역사를 돌이켜 보면 당대에는 큰 반향을 가져오지 않은 사건들이 실제로는 더 명확하게 시대상을 웅변하는 경우가 있다. '비엔 공의회'가 그렇다. 공의회 역사의 관점에서만 보면 소집 목적이나 결정 내용 등이 크게 주목할 것이 없어 보인다. 하지만 이 공의회는 중세 말기의 변화를 이해하는 여러 중요한 단서들을 제공해 준다.

교황 클레멘스 5세는 프랑스 왕 필리프 4세의 강력한 요청에 따라 공의회를 소집한다. 프랑스 국왕의 요청으로 프랑스 출신의 교황이 프랑스 비엔에서 공의회를 개최했다. 20명의 추기경과 100여 명의 주교들, 그리고 수도원장들이 참여한 이 공의회에서 다룬 의제는 철저하게 세속 권력의 요구에 부응하는 것이었다. 70년 아비뇽 유수기의 교회는 이전까지 가지고 있던 막강한 권력을 상실한 교황청이 취한 선택지가 무엇이었는지 보여 준다. 그리고 이 곤혹스러운 상황에서 교회는 좀 더 근본적인 고민 속으로 들어간다.

최초의 인문주의자라고 알려진 프란치스코 페트라르카(1304-1374)는 유다 왕국의 멸망으로 일어난 바벨론 유수에 빗대어 이 시기를 '교회의 바벨론 유수기'라고 불렀다. 왜, 무슨 일로, 교황청은 이런 굴욕을 당했을까? 이 과정의 핵심에 서 있는 인물이 프랑스 왕 필리프 4세다. 필리프 4세는 교황 보니파키우스 8세(1294-1303 재위)와의 대립으로 잘 알려진 인물이다. 아마 세계사나 교회사에 조금만 관심을 갖고 있다면 들어봤음직한 인물들이다. 교황 보니파키우스 8세는 필리프 4세와의 대립 와중에 "우남 상크탐*unam sanctam*"이라는 교서를 발행한다. 이 교서는 중세 말 교권과 속권이 대립한 역사의 한 장면을 만들어 낸다.

프랑스 왕 필리프 4세는 잉글랜드와의 전쟁 자금 마련을 목적으로 프랑스 내 성직자들에게 과세를 실시한다. 교황 보니파키우스 8세는 국가가 교황의 동의 없이 성직자에게 과세하는 것은 속권의 교권 침해라며 반발했다. 아울러 이를 철회하지 않을 경우 필리프 4세에게 파문이나 성무 정지령을 내리겠다고 했다. 이러한 대립은 전에 서임권 논쟁에서 살폈던 교황 인노켄티우스 3세와 잉글랜드의 존 왕 사이에 일어난 충돌과 유사하다. 하지만 그때와 다르게 이번에는 세속 권력이 승리했다. 1296년 필리프 4세는 프랑스의 자금이 교황청으로 유입되는 것을 차단하고, 교황청의 외교관들을 추방했다.

  재정 압박이 심해지고 프랑스 성직자들이 프랑스 국왕의 편에 서게 되자 교황은 고립무원의 상태에 빠지게 된다. 이에 교황은 두 가지 유화책을 제시했다. 하나는 국왕의 성직자 과세권을 인정하는 것이었고, 다른 하나는 필리프의 조부 루이 9세—생 루이Saint Louis—를 가장 모범적인 그리스도교 군주로 인정해 1297년 성인으로 시성한 것이었다. 성인으로 시성된 유일한 프랑스 왕이 바로 이 성왕 루이였다는 점은 교황이 처한 곤혹스러운 상황을 짐작케 해 준다.[1]

  하지만 필리프 4세는 프랑스 주교와 귀족들을 장악한 채 지속적으로 교황을 압박한다. 이에 대한 대응으로 교황은 1302년 〈우남 상크탐〉을 발표한다. 이 교서는 가톨릭교회에만 구원이 있으며, 세속 권력은 교황권에 복종해야 한다는 '교황 수위권papal supremacy'을 주장한다. 흔히 중세의 강력한 가톨릭을 상징하는 것으로 오해되는 이 교서는, 태동하는 국민국가 권력에 맞선 교황의

1309-1377년까지 프랑스 아비뇽에 있었던 교황청

마지막 몸부림을 상징한다.[2]

이듬해인 1303년 필리프 4세는 아냐니의 별장에 머물던 교황을 체포해 교황에게 돌이킬 수 없는 수모를 안긴다. 결국 교황 보니파키우스 8세는 절망 속에 죽어 갔다. 이 이탈리아 출신 교황의 죽음과 그를 계승한 같은 이탈리아 출신의 베네딕투스 11세의 8개월간의 재임 후, 교황청은 프랑스 출신이 장악하게 된다. 베네딕투스 11세에 이어 선출된 프랑스인 교황이 바로 비엔 공의회를 소집한 클레멘스 5세. 그는 비엔 공의회 소집보다는 교황청을 로마에서 아비뇽으로 옮긴 당사자라는 사실 때문에 역사에서 기억되고 있다. 아비뇽 유수 70년 동안 재임한 교황이 모두 프랑스인이었다는 것은 극히 당연한 일이었다. 그 교황들이 프랑스 국왕을 이롭게 하기 위해 앞장선 것도 어쩌면 매우 당연한 일 아니었겠는가.

비엔 공의회의 전개와 결정들

교황 클레멘스 5세는 프랑스 왕 필리프 4세의 강력한 요청에 따라 공의회를 소집한다. 프랑스 국왕의 요청으로 프랑스 출신의 교황이 프랑스 비엔에서 공의회를 개최했다. 20명의 추기경과 100여 명의 주교들, 그리고 수도원장들이 참여한 이 공의회에서 다룬 의제는 철저하게 세속 권력의 요구에 부응하는 것이었다. 70년 아비뇽 유수기의 교회는 이전까지 가지고 있던 막강한 권력을 상실한 교황청이 취한 선택지가 무엇이었는지 보여 준다. 그리고 이 곤혹스러운 상황에서 교회는 좀 더 근본적인 고민 속으로 들어간다.

공교롭게도 그 핵심 의제는 세속 권력과 재물에 연결되어 있다. 교회와 권력, 교회와 금력金力의 관계 속에서 새롭고도 급진적인 주장들이 쏟아지기 시작한다. 이 기간은 좀 더 근본적으로 국가와 교회 사이의 정치 원리에 대한 재고와, 교회가 그동안 쌓아 왔던 부에 대해 근원적으로 고민하도록 만든다. 이 공의회에서 다룬 가장 중요한 의제는 성전 기사단The Order of Knights Templar과 탁발 수도회가 제기했던 '사도적 청빈' 논쟁이라고 할 수 있다.

성전 기사단 해산

성전 기사단은 대체 어떤 조직이기에 이 공의회에서 핵심적으로 다루어졌을까? 이 기사단은 1139년 가톨릭 군사 수도회, 즉 기사단으로 공식 승인을 받아 비엔 공의회에서 해산 명령이 내려질 때까지 존속했다. 십자군 원정에 참가한 기사단으로 잘 알려져 있지만, 실제 이 기사단에서 전투원은 채 10퍼센트가 되지 않았다. 이 기사단의 실질적인 영향력은 전 유럽에 걸쳐 강력한 경제 인프라를 구축해 십자군이나 기타 전쟁의 재원을 조달하는 데 있었다. 그 재원 조달 수단으로는 그저 개인의 후원금만이 아니라, 십자군 원정을 조직할 때 원정대에 참여하는 군주와 귀족과 기사들의 재산을 신탁 관리하는 일까지 포함되었다.

이러한 자산 신탁 관리가 성전 기사단이 세력을 확장할 수 있었던 비결 중의 하나였다. 그래서 이들은 은행업의 초기 형태를 형성하고, 최초의 다국적기업이라는 평가도 받는다. 자연히 십자군 원정이나 주변국과의 전쟁을 위한 재원을 마련하려는 군주들은 성전 기사단에게 토지 등을 담보로 대출을 받았다. 유럽 전역에 이 성전 기사단의 자산과 토지가 확대된 것은 당연한 일이었다.

프랑스 왕 필리프 4세 역시 잉글랜드와의 전쟁 준비 및 십자군 재원 조달 등의 목적으로 엄청난 부채를 성전 기사단에게 지고 있었다. 십자군 원정이 공식적으로 종료된 후에도 성전 기사단은 탁월한 경영 능력을 앞세워 유럽 내부에 영향력을 확대했다. 필리프 4세는 교황을 압박해 이 성전 기사단을 해산하도록 종용한다. 그래서 성전 기사단장인 자크 드 몰레Jacque de Molay를 이단 혐의를 들어 압박한다.[3]

1307년 필리프 4세는 자크 드 몰레와 핵심 단원들을 신성 모독, 동성애, 부패, 사기 등의 죄목을 적시해 체포하고 고문했다. 고문에 못 이긴 이들이 죄를 자백하자, 필리프는 교황에게 전 유럽의 성전 기사단원들을 체포하고 재산을 압수할 것을 요구한다. 필리프 4세의 압박에 못 이긴 교황은 공의회를 소집해 이 성전 기사단을 해산하고 재산을 몰수하게 된다(캐논 1, 2, 3).[4] 성전 기사단의 해산은 교황청의 입장에서 보자면 교황 직할인 수도회의 안정

폴 라크르와가 그린 비엔 공의회. 비엔 공의회 전후로 교회의 청빈 문제가 본격적으로 치열하게 논의되기 시작했다.

적인 자금원이 사라진 셈이다.

또한 이 공의회에서는 전직 교황 보니파키우스 8세가 필리프 4세에게 가했던 모든 이단 혐의를 공식적으로 없애 주고 복권해 주었다(캐논 10). 물론 이미 사전에 교황 클레멘스 5세와 협상한 내용이기는 했지만 말이다. 이 결정에 대한 보답으로 필리프 4세는 자신과 자신의 왕위를 이을 아들들과 귀족들의 명의로 6년 내에 십자군을 결성하겠다는 서신을 공의회에 보내어 낭독하게 한다. 자신이 연로해 그 이전에 사망할 수도 있기 때문에 아들들의 이름을 함께 서신에 넣은 것이다. 하지만 그 이듬해 필리프 4세는 사망하고 십자군은 결성되지 못했다.

표면적으로만 보자면, 이 공의회에서 성전 기사단이라고 불리는 한 군사적 성격의 수도회가 사라졌다. 중세 유럽에서 수많은 수도회가 명멸한 상황에서 이 결정은 그리 새삼스러울 것이 없어 보이기도 하다. 하지만 성전 기사단의 해산은 곧 교회에 더 핵심적이고 근본적이며 급진적인 문제를 제기한다. 그것은 바로 교회가 재산을 보유하는 것이 타당한가 하는 문제다. 중세 유럽에서 이른바 봉건제의 가장 상층을 차지했던 가톨릭교회의 영향력이 중앙집권적인 성격을 띤 원시적인 형태의 국민국가의 등장으로 도전을 받았다. 그리고 실제로 세속 군주의 위협 아래 교황청은 천 년을 머물던 로마를 떠나 아비뇽에서 유배 생활을 해야 했다.

자연히 교회란 무엇인가, 즉 세속 사회에서 교회의 본질과 역할은 무엇이어야 하는가에 대해 급진적으로 재고하는 목소리가 터져 나온 것이다. 이 목소리는 12세기 탁발 수도회라는 형태로 등장해 유럽 교회의 지형을 뒤흔든다. 토지를 소유하며 자급자족하는 공동체로 살던 그 이전의 수도회와는 달리 급진적으로 무소유를 주장하며 탁발(托鉢, 구걸)을 통해 생활을 유지하며, 순회 설교자로 살아가는 수도회가 등장한 것이다. 성서에서 그리스도와 사도들의 삶을 따라 이른바 사도적 청빈을 주장했다. 그들의 이러한 도발적인 도전에 가톨릭교회는 어떻게 대응했을까?

사도적 청빈은 가능한가

중세에 개최된 모든 공의회의 일상적 의제 중 하나가 교회 개혁 관련 사안이다. 때로는 교회 개혁의 의제로 성직자의 독신이 강조된 적이 있었고, 성직매매의 엄격한 금지를 결정한 경우도 있었다. 또한 교회의 성사 제도를 완비하거나 교회의 재판 체제를 정비하기도 했다.

그렇다면 비엔 공의회에서 교회 개혁을 위해 내세운 의제는 어떤 것이 있을까? 우선은 '베긴회Beguine'라고 불리는 북유럽 기반의 여성 속인俗人 수도회를 이단으로 정죄한 것이다(캐논 16). 베긴회는 자발적 청빈과 빈자들에 대한 환대, 종교적 헌신을 통해 그리스도의 자취를 닮고자 했던 13세기의 '속인 종교 운동'이었다. 이 운동이 혼인을 부정하고 모든 세속의 삶을 부정한 과도한 금욕주의를 주창했다는 이유로 제도 교회인 가톨릭교회로부터 수도회로 인정받지 못한 것이다. 그래서 가톨릭교회로부터 어떠한 보호도 받지 못하고 떨어져 나가게 된다. 물론 비엔 공의회 이후로도 일부 세력이 유지되긴 했지만 전반적으로 영향력을 잃게 되었다.[5]

    탁발 수도회와 베긴회가 공통적으로 주장했던 바는 '그리스도를 본받아' 사는 삶이었다. 그런데 그들이 주장한 그리스도를 본받는 삶의 핵심이 구체적으로 무엇이었을까? 그것은 '사도적 청빈'이라는 단어로 정리된다. 사도적 청빈은 탁발 수도회가 내건 핵심적인 가치로 그리스도의 삶과 사도들의 발자취를 따라 이 땅에서 어떠한 토지를 소유하거나 재산을 모으지 않고 떠돌아다니며 설교하는 삶을 의미한다. 그리스도와 사도들의 삶의 자취를 밟아 나간다는 점에서 이 주장이 갖는 상징성은 결코 작지 않다. 이 주장은 당대 중세 봉건제의 최상위이던 영주의 지위를 차지하고 부와 권력을 독점하던 교회의 부패에 대한 대안으로 가장 매력적일 수밖에 없었다. 이처럼 사도적 청빈을 추구하는 프란치스코회와 베긴회 같은 속인 수도회는 하나의 거대한 종교 운동을 형성했다.

    하지만 제도 교회가 안게 된 고민은 좀 더 현실적이었다. 교회의 부와 부패에 맞서 모든 부를 버리라는 도발적인 주장을 어떻게 수용할 수 있을까 하는 것이었다. 클레멘스 5세가 소집한 공의회의 주요한 역할을 했던 인물인 프랑스의 주교 뒤랑 William Durant the Younger 은 탁발 수도회가 등장하여 주교와 사제들의 영역인 사목 활동에 개입하는 것이 교회 질서를 위반하는 것이라고

로도비코 카르디 다 치골리가 그린, 기도하는 성 프란치스코. 프란치스코는 그리스도를 본받는 무소유의 삶을 지향하며, 제도 교회에 개혁에 대한 자극을 주었다.

탁발 수도회를 공격했다. 반면, 탁발 수도회인 프란치스코회 소속인 오컴의 윌리엄William of Ockham은 그리스도와 사도들이 무소유를 실천하지 않았다는 주장을 펼친 교황 요한네스 22세와 베네딕투스 12세를 이단이라고 반박했다.[6]

완벽한 무소유의 실천 가능성에 대한 고민은 비단 제도 교회에서만 제기되었던 것은 아니다. 탁발 수도회 내부에서도 제기된 문제였다. 예를 들어, 프란치스코회에서는 수도회 창시자인 아시시의 프란치스코의 가르침을 문자 그대로 지켜 무소유를 실천할지, 아니면, 날로 규모가 커지는 수도회를 관리하기 위해 일정 부분 타협이 필요한지를 놓고 내부 갈등이 치열해졌다. 이런 갈등은 프란치스코 생전에 이미 분출되었고, 프란치스코회는 급진 근본주의를 주창하는 영성파Fraticelli와 현실에 맞게 변화를 추구하는 온건파Conventual로 나뉘었다.

청빈을 둘러싼 이 논쟁은 교황청의 아비뇽 유수기에 일어난 가장 치열한 논쟁 중 하나였다. 그런데 교황청의 아비뇽 유수와 교회의 재산 소유와는 무슨 관계가 있을까? 이전까지 교회 혹은 교황의 영향력은 단순히 종교적인 것을 넘어 세속 권력과의 견제와 균형 속에서 세속 권력을 통제하는 실질적인 것이었다. 그러나 교황청의 전성기는 결국 교회 권력의 과도한 확장을 낳았고, 교회의 축적된 재산과 성직자의 부패는 큰 사회문제가 되었다. 이러한 중에 고대 교회, 즉 사도 교회의 모습에 대한 근원적인 회복을 내건 이들이 생겨나 영향력을 키워 갔다. 그중에 온건파 프란치스코회는 교황청의 공식 인정을 받았고, 영성파 프란치스코회, 그리고 발도파나 베긴회같이 이단으로 내몰린 운동도 다수 있었다.

비엔 공의회 전후로 제기된 중요한 흐름 중 하나가 이 영성파 프란치스코회가 주장하는 사도적 청빈을 공격한 것이다. 1317년 클레멘스 5세의 후임인 교황 요한네스 22세(1316-1334 재위)는 영성파 프란치스코회를 공식적으로 이단이라 정죄했다. 사도적 청빈을 둘러싼 논쟁이 이로써 마무리되지는 않았다. 이러한 논의는 사도 교회와 비교해 당대 교회의 문제점을 성찰하는 기회가 되었다. 성경의 묘사를 보면 그리스도와 사도들이 실제로 재산을 소유하지 않은 삶을 실천했거나 지향했음은 분명해 보인다. 하지만 이 논의는 그렇게 간단히 마무리되지는 않았다. 반대편에서는 교회의 무소유에 대한 주장을 모든 것의 주인인 그리스도의 주권에 대한 도전으로 볼 수도 있기 때문이다. 1323년 교황 요한네스 22세는 결국 그리스도와 사도의 무소유에 대한 주장을 오류와 이단으로 정죄했다. 몇 차례 엎치락뒤치락한 후 결국 1328년 다수의 프란치스코회 수사들이 교황의 가르침에 복종하기로 하면서 이 논쟁은 일단락되었다. 끝까지 반대한 영성파는 이단으로 몰려 가혹한 탄압을 받았다.[7]

도전받는 교회, 무엇을 선택했는가

비엔 공의회는 아비뇽으로 옮긴 교황청이 개최한 처음이자 마지막 공의회다. 교황과 추기경단이 대부분 프랑스인으로 채워져 있다고는 하지만, 보니파키우스 8세 이후 처참하게 나락으로 떨어진 가톨릭교회의 위상을 회복하기 위해 암중모색했을 것이라 짐작하기란 어렵지 않다.

가톨릭교회는 세속의 정치에서 행사하던 영향력을 상당 부분 상실하고, 영향력을 지탱하는 밑거름이 된 자금원도 크게 잃어버렸다. 사도적 청빈이란 교회의 이 암중모색 과정에서 화두처럼 던져진 것이었다.

그리스도와 사도들이 모든 세속적 영향력과 부를 거부하고 종교적 가르침으로만 사람들을 감화했기에 교회는 세속의 모든 권력과 부를 포기하는 길을 가야 할 것만 같다. 하지만 이런 요구는 어떤 의미에서 제도 교회가 당장 선택할 수 없는 비현실적인 것이기도 하다. 그러면 사도적 청빈 논쟁은 현실에 적용될 수 없는 무익한 논쟁이었을까? 아무 의미 없는 논쟁이었을까?

움베르트 에코의 소설《장미의 이름》은 공교롭게도 아비뇽 유수 시절인 1327년 11월을 배경으로 삼았다(탁월한 중세학자답게 에코는 중세를 읽어 나갈 중요한 코드들을 소설 곳곳에 집어넣었다). 그리고 이 소설의 중요한 한 축이 바로 핍박을 피해 수도원에 도피해 있던 영성파 프란치스코회 수사들과 교황청 사절로 온 도미니크회 수사들 사이의 '청빈 논쟁'이다. 그만큼 이 논쟁은 중세 말의 급격한 사회·정치·경제적 변화를 이해하는 중요한 코드다.

뻔하고 지루한 양측의 입장이 맞서다, 결국 이전투구로 번진 이 논쟁을 지켜본 소설 속의 화자 아드소는 자신의 스승 바스커빌의 윌리엄과 다음과 같은 대화를 주고받는다.

"사부님, 그리스도의 청빈을 증명하고 논박하기 위해 내세울 수 있는 주장들이 이 정도밖에 안 되는 겁니까?"

"글쎄다. 두 입장이 다 맞는다고 할 수도 있겠지. 복음서로서는 어차피 증명도 논파도 안 된다. 그리스도께서는 재산을, 입고 계신 남루에 지나지 않는다고 여기셨을 게야. 걸레가 되면 버리셨을 테니까⋯⋯ 청빈에 대한 토마스 아퀴나스의 이론은 우리 프란치스코회의 이론보다 훨씬 대담하다. 우리는, '우리는 아무것도 소유하지 않고 모든 것을 사용할 뿐이다'고 말한다. 그러나 아퀴나스께서는, '물질을 소유하고, 그대 자신을 그 물질의 소유자로 여기되, 필요로 하는 자가 있거든 쓰게 하라, 이는 자비가 아니라 의무이니라', 이렇게 말씀하셨다. 하나 문제는 그리스도께서 가난했느냐, 가난하지 않았느냐에 있는 것이 아니라, 교회가 청빈해야 하느냐, 그렇지 않아도 되느냐 하는 데 있다. '가난'의 의미는 궁전을 가지고 있느냐, 가지고 있지 않느냐에 있는 것이 아니고, 이 땅의 일에 대해 다스릴 권리를 갖느냐 포기하느냐에 있는 것이다."

"그래서 황제께서는, 교황이 그 권리를 포기하지 않기 때문에 프란치스코회가 말하는 청빈에 관심을 기울이는 것입니까?"

"그래. 그러니까 프란치스코 수도회는 황제 편을 들어 교황을 상대로 대리 전쟁을 치르고 있는 것이야. 하나 마르실리오와 나는 이것을 양면전으로 보고 있다. 우리의 희망은, 황제가 우리의 믿음을 지지하되, 이것을 정치에 원용했으면 하는 것이다."[8]

글 첫머리에 언급한 바와 같이 종교개혁은 세속과 교회의 관계 재설정이다. 교회가 향유하던 권력과 부가 세속 국가로 이동하는 급변하는 현실 속에서 교회의 설자리에 대한 급진적인 고민이 요구된 것이다. 사도적 청빈이란 아드소의 표현처럼 "이 정도밖에" 안 되는 비현실적인 것이기도 하다. 하지만 프란치스코회가 던진 사도적 청빈이라는 화두는 도미니크회의 토마스 아퀴나스의 해석처럼, 단순히 세속적 부의 소유 여부가 아니라 이 땅의 일에 대한 권리를 포기해야 하는가의 여부에 대한 고민이다.

에코가 프란치스코회가 황제를 업고 교황과 대리전을 한다고 표현한 것은 교회가 세속 권력과의 관계를 재설정해야 할 필요가 있다는 얘기이기도 하다. 이는 중세 말에 대두된, 세속 권력으로 교회 지배를 정당화하는 파도바의 마르실리우스(1275-1342)가 주장한 이론의 핵심이다.[9]

세속 권력과 맞서다 교황청이 바벨론 유수와 같은 상황을 경험하게 된 사건은 분명 교회로서는 치욕적인 패배다. 그러나 그 시점에서 사도적 청빈의 주장이 제기되고 확산되어 갔다는 것은 교회에 요구하는 시대정신이 바뀌었다는 의미로 읽을 수도 있다. 교회는 잡혀 간 '바벨론 강가'에서 다시 회복할 사도 교회의 본질이 무엇인지 기억하며 울어야 했다. 모든 것을 버려야 한다는 것이 급진적인 주장으로 보이나, 그 주장 앞에서 고민할 때 진정으로 포기해야 할 것이 무엇인지 이해할 수 있게 된다.

오늘 한국 교회의 정치화된 집단과 목회자 일부가 벌이는 일들은, 그저 부끄럽다고, 우리는 그렇지 않다고 애써 무시하고 넘어갈 일이 아닐 수 있다. 지금껏 한국 사회에서 제도 교회가 누려 왔던 권력을 상실함으로 인해 생겨난 모습의 한 극단에 불과한, 그래서 우리도 자유로울 수 없다는 인식이 더 필요한지도 모르겠다. 그렇기에 그 해법은 적당하게가 아니라, 더욱 급진적으로 지향할 바를 고민하는 데 있다. 바스커빌의 윌리엄의 표현처럼 "땅의 일에 대해 다스릴 권리를 갖느냐 포기하느냐"로 귀결될 수 있는 것이다. 종교에 주어진 권력을 포기하고 낮은 자의 자리, 청빈의 자리에 설 때 교회는 살길이 보일 것이다. 그리스도와 사도들이 그랬던 것처럼, 초대교회 그리스도인들이 그랬던 것처럼 말이다.

8

콘스탄츠 공의회

교회, 돌아올 수 없는 강을 건너다

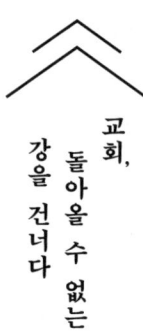

교회, 돌아올 수 없는 강을 건너다

교회 대분열(1378-1417)

1309-1377년에 이르는 약 70년간의 프랑스 아비뇽 교황청 시절(아비뇽 유수기)은 유럽사에서 중대한 변곡점을 맞이한 시기였다. 이 기간에 교황청을 아비뇽으로 옮긴 클레멘스 5세부터 아비뇽을 떠나 로마로 돌아간 그레고리우스 11세까지 총 7명의 교황이 거쳐 갔다. 교황청이 프랑스 왕의 영향 아래 있었던 만큼 이들 모두는 프랑스인이었다.

자연히 국가의 영향력이 강해지고 교황청은 중앙집권화되어 가는 국가 체제를 따르게 된다. 이에 교황청은 점차 독자적인 재원 마련 체계를 만들어 간다. 이것이 시사하는 바는 의미심장하다. 우선은 유럽 국가들과의 관계에서 최상위 계서階序를 형성하고 있던 로마가톨릭 교황청이 그 위상을 상실하게 되었다는 점이다. 불과 120-130년 전만 해도 유럽 봉건제의 최상위 지배자로 개별 국가로부터 세금을 받아 영위하던 교황청의 수입원이 크게 감소했다.

그에 대한 대응으로 국가 내 성직자들에게 여러 명목으로 과세를 하게 된 것이다. 이러한 변화는 자연히 주교를 비롯한 고위 성직자 선출에 뇌물이 오가는 현상을 낳는다. 교황에게도 순종해야 하지만 관료로서 국가에도 충성해야 하는 이중적 지위를 지닌 성직자들에게 이는 쉽지 않은 상황이다. 성직자가 친국가 성향을 띠느냐, 친로마 성향을 보이느냐에 따라 국가와 교회 사이의 균형추가 움직일 수 있다.[1]

앞 장에서 살펴본 것처럼, 교황청의 아비뇽 유수도 따지고 보면 가톨릭교회가 세속 국가의 영향력 아래로 종속되었음을 보여 주는 단적인 사례다. 유럽에서 서서히 근대적 형태의 국가 체계가 형성되어 가는 흐름과 맥을 같이한다. 이 교회 대분열The Great Schism, East-West Schism의 시기와 상당 기간 중첩되는 백년전쟁(1337-1453) 동안에야 비로소 잉글랜드인과 프랑스인이라는 민족적 정체성에 대한 구별이 생겨났다고 한다.[2]

프랑스 아비뇽에 머물던 교황청을 다시 로마로 복귀시킨 교황은 그레고리우스 11세(1370-1378 재위)였다. 그 역시 프랑스 출신이었지만, 유럽 내에서 비등하는 교황청의 로마 복귀 요청을 무시할 수 없어 1377년 1월 로마로 복귀했다. 하지만 이듬해 그의 사망으로 교황 선출을 놓고 또 다른 혼란에 빠졌다. 로마 시민들이 로마 사람을 교황으로 뽑으라는 시위를 연일 벌였다. 그래서 프랑스 추기경단은 로마 사람을 교황으로 선출하되, 여전히 프랑스의 영향력을 교황에게 행사하고자 했다. 이에 1378년 4월 이탈리아인 우르바누스 6세가 교황으로 선출된다. 하지만 선출된 직후 교황은 프랑스로 대표되는 세속 권력으로부터 교회를 구별하고자 분명한 선을 긋게 된다. 추기경들이 세속 통치자로부터 뇌물이나, 선물, 연금 등과 같은 재정 지원받는 일을 엄격하게 금지했다. 이는 누가 보더라도 당시 프랑스 왕 샤를 5세를 고립시키고자 하는 의도였다.

프랑스인 추기경들은 이 상황이 달갑지 않았다. 그들은 우르바누스 6세 선출이 로마 사람을 교황으로 뽑으라는 로마 폭도들의 압박 때문에 이루어진 불법적인 결과라고 비판하면서 아비뇽으로 돌아갔다. 이후 1378년 9월 20일 아비뇽 추기경단은 클레멘스 7세 교황을 선출한다. 가톨릭교회에 2명의 교황이 서로 정통성을 주장하며 대립하게 되는 교회 대분열이 일어난 것이다. 이 교회 대분열은 1417년 콘스탄츠 공의회에서 해소되기까지 40년간 지속된다.

이 분열은 교황이 두 명이 세워진 사건 이상이다. 대립하는 두 교황 중 누구를 지지할 것인가를 놓고 전 유럽이 분열했다는 사실이 더 중요한 함의다. 예컨대, 프랑스 아비뇽에 근거를 둔

아비뇽에서 로마로 복귀하는 교황 그레고리우스 11세를 묘사한 그림

○ 공의회 역사를 걷다

교황을 지지하는 세력으로는 프랑스, 아라곤, 카스티야와 스코틀랜드 등이 있었다. 로마 교황은 신성로마제국, 잉글랜드, 덴마크, 헝가리, 포르투갈, 북부 이탈리아 도시국가 등의 지원을 받았다. 공교롭게도 아비뇽 교황 지지파와 로마 교황 지지파는 종교적인 색깔로 구분되기보다는 대부분 정치적 대립 관계에 놓인 국가들로 나뉘었다. 프랑스와 신성로마제국의 대립, 잉글랜드와 스코틀랜드의 대립, 아라곤, 카스티야와 포르투갈의 대립 등으로 구도가 그려질 수 있다. 여기에서 읽어낼 수 있는 것은 1417년의 교회 대분열 종식은 영구적인 것이 아니라 일시적인 봉합일 뿐이라는 것이다. 정확히 100년 후 루터의 종교개혁으로 유럽의 분열은 항구적인 사건이 되었다.

교회 대분열로 불리는 이 사건은 여러모로 1517년 종교개혁의 직접적인 전조가 된다. 이 점이 종교개혁을 그저 종교적 신학적 사건, 교회 내부의 사건으로만 보아서는 안 되는 이유이기도 하다. 종교개혁을 유럽사의 문맥 안에 놓을 때 우리는 비로소 놓치기 쉬운 종교 너머의 맥락을 읽어 낼 수 있다. 한국 개신교에서 즐겨 외치는 "종교개혁 정신으로 돌아가자"는 구호가 자칫 시대착오적일 수 있는 이유이기도 하다.

인정되지 않은 역사, 피사 공의회(1409)

우리가 읽어 내야 할 교회 대분열의 핵심은 대립 교황이 난립한 가톨릭교회의 타락상이 아니다. 국민국가 형성과 그에 따른 민족의식의 등장이 하나의 유럽을 지탱하는 축이던 가톨릭교회에 돌이킬 수 없는 위협이 되었다는 것이다. 이 때문에 종교개혁을 바라보는 주된 시각 중 하나가 가톨릭과 개신교의 분열보다 국가와 교회의 관계 변화다.[3]

교회 대분열과 이를 해결하기 위한 시도는 이러한 시각이 더 유효함을 보여 준다. 유럽의 교회가 둘로 쪼개진 위기 상황에서 이를 해결하기 위한 방편은 역시 공의회를 소집하는 것이었다. 그런데 문제가 생겼다. 교회법에 따르면 공의회의 소집권자는 교황인데, 대립하는 두 교황이 생긴 상황에서 공의회 소집은 쉬운 일이 아니었다. 그래서 피에르 다이Pierre d'Ailly나 장 제르송Jean Gerson 같은 신학자들은 교회법의 문자에 매이지 않고 공의회를 소집할 수 있다는 주장을 펼쳤다. 그 결과 대립하는 양측 추기경들이 서로 합의해 교회 대분열을 해결하기 위한 공의회를 소집했다.

이 공의회는 1409년 이탈리아의 피사에서 열리게 된다. 당시 교황은 아비뇽의 베네딕투스 13세와 로마 측 그레고리우스 12세였다. 이 공의회에서는 두 교황 모두에게 교회 분열의 책임을 물어 폐위를 결정한다. 그리고 양측 추기경단이 제3의 인물을 지명해 알렉산데르 5세 교황으로 세우고 1409년 7월 7일 새 교황의 대관식을 거행했다. 얼마 못 가 그가 사망하자 뒤를 이어 요한네스 23세 교황이 선출된다.

하지만 이 피사 공의회의 결정은 해결책이 되기보다는 더 큰 문제를 야기했다. 폐위된 두 교황 모두 물러나기를 거부하고 자신을 따르는 세력을 규합해 여전히 정통성을 주장했기 때문이다. 그 결과 유럽 교회는 전무후무한 3인의 교황이 난립하는 시대에 접어들게 된다.

이 피사 공의회는 가톨릭 공의회의 계보에서 빠져 있다. 왜 피사 공의회는 역사 속 공의회로 인정되지 않았을까? 이에 관해서는 여러 논쟁점이 있는데, 소집 목적인 교회 분열을 해결하지 못했기 때문은 아니다. 두 가지 정도로 요약할 수 있다. 첫째, 교회법에 따라 교황이 소집하지 않은 공의회는 적법하지 않다는 판단 때문이다. 왜냐하면 추기경단이 공의회를 소집했기 때문이다. 둘째, 누가 소집할 권한이 있는지 여부에 대한 논란은 차치하고, 적법하지 않은 교황이 임명한 추기경단 역시 적법성을 인정받을 수 없다는 이유다. 그러니 적법하지 않은 추기경단이 소집한 공의회는 그 자체로 무효가 된다는 것이다.[4]

여기에는 그 자체로 모순이 있다. 이 공의회에서 선출된 알렉산데르 5세의 후임인 요한네스 23세가 콘스탄츠 공의회를 소집했기 때문이다. 게다가 요한네스 23세 교황이 콘스탄츠 공의회에서 폐위되지만 콘스탄츠 공의회에 대한 적법성 논란은 없다. 그러니 이 피사 공의회가 역사에서 인정되지 않은 이유는 다른 데

3인의 대립 교황
① 아비뇽의 베네딕투스 13세(1394-1423 재위) ② 그레고리우스 12세(1406-1415 재위)
③ 두 사람을 대신해 피사 공의회에서 선출된(1409-1410 재위) 알렉산데르 5세

있다. 이 공의회에서는 교회 분열 문제의 궁극적인 해결책을 제시해야 하는 권한과 책임 소재에 관한 논쟁을 야기했기 때문이다. 여기에서, '공의회주의conciliarism'가 등장한다. 공의회주의는 교회의 최상위 결정권자는 교황이 아니라 교회 대표자들이 모인 공의회라는 것이다. 대립 교황으로 교황권의 권위가 추락한 틈을 비집고 등장한 대안적 주장이다. 콘스탄츠 공의회와 후속 공의회에서 교황주의자들과 공의회주의자들 사이의 대립과 갈등, 그리고 그 승부의 끝이 드러난다. 미리 결론을 말하자면, 공의회주의자들이 패배했고, 그 결과 피사 공의회는 가톨릭교회 역사에서 정통성을 인정받지 못했다.

콘스탄츠 공의회(1414-1418)

교회 분열 문제를 해결하고자 소집된 피사 공의회가 해결점을 찾지 못하자, 오히려 3인의 교황이 난립하게 된 상황에서 교회는 유례없이 신속하게 또 다른 공의회를 소집한다. 신성로마제국 황제 지기스문트의 강한 압박으로 소집되는데, 피사 공의회에서 선출된 교황 계열인 요한네스 23세가 1414년 독일의 콘스탄츠에서 공의회를 개최한다. 이 공의회의 소집 목적은 교회 대분열 종식, 이단 문제 해결, 교회 개혁, 세 가지였다. 대부분의 공의회 소집 목적에 교회 개혁과 이단 문제 해결은 빠짐없이 등장하는 것이었기에, 대분열 종식이 가장 핵심적인 의제라고 할 수 있다. 하지만 나머지 두 주제 역시 이전의 공의회에서와는 다른 궤적을 보인다. 이단으로 처벌된 이들은 프로테스탄트 종교개혁의 선구자로 알려졌기 때문이다. 또한, 교회 개혁에 대한 방향도 달랐다. 이 공의회에서 결정한 교회 개혁의 핵심은 공의회를 정기적으로 개최하는 것이었다. 교회 개혁의 주체를 교황이 아니라, 공의회로 옮기고자 했기 때문이다. 오늘의 정치제도와 비교해 보자면, 대통령제 국가에서 의원내각제로 정치체제를 바꾸자는 주장과 비슷하다.

교회 대분열 종식

콘스탄츠 공의회는 교황의 권한보다 주교단의 권한이 더 크다는 공의회주의의 우위성이 압도한 공의회다. 이 공의회에서는 대립 교황들인 요한네스 23세와 로마의 그레고리우스 12세, 아비뇽의 베네딕투스 13세를 모두 폐위하고 새로운 교황을 선출하고자 한다. 이 공의회의 특징은 교황 선출 절차에 있다. 이전까지는 추기경들이 개인적인 자격으로 투표하던 것을, 국민단이라고 불리는 국가 단위가 투표권을 행사하게 된 것이다. 투표권을 가진 추기경들의 편향된 국적 구성이 가져올 수 있는 표심 왜곡의 여지를 없애기 위해 국가별로 투표권을 나눠 주었다.[5]

이 공의회를 소집한 요한네스 23세는 자신의 입지가 불리해지자 공의회 장소를 떠나 도망하다가 돌아와 재판을 받고 폐위

된다. 1415년 그레고리우스 12세는 자진 사임을 하고, 물러나기를 거부한 또 다른 대립 교황 베네딕투스 13세는 파문당한다. 이렇게 대립 교황 문제를 일단락한 후, 1417년에 이탈리아인 마르티누스 5세를 새 교황으로 선출한다. 흥미롭게도, 그 후 1978년에 폴란드인 교황 요한 바오로 2세가 선출되기까지 2명을 제외하고는 모두 이탈리아 출신의 교황이 선출된다. 이를 보건대, 콘스탄츠 공의회에서 내려진 해결책은 교황의 역할과 권한을 이탈리아반도로 제한하는 것이었다고 풀이해도 무방하다. 실제로 마르티누스 5세 이후 교황들은 유럽에서 단일한 절대적 우위를 상실하고 점증하는 세속 군주의 영향력 아래 놓이게 되었다.

그 이후 교황들은 전 유럽의 교회 개혁에 힘쓰기보다 아주 현실적으로 자신들의 영향력을 이탈리아반도 내에서 확장하고자 애쓰게 된다. 그 결과 이른바 르네상스 교황 시대(1440-1520)라고 불리는, 교황의 세속적·정치적 야심이 끊임없이 발산되는 시기로 접어든다. 이 시기 교황들은 유럽 전역에 필요한 종교적 역할에 헌신하기보다는, 교황이 직접 통치하는 영토 내의 정치적 권위를 확보하기 위해 애썼다.[6] 결국 르네상스 교황들의 종교적 무관심과 세속적 야심과 영향력 추구는 종교개혁의 직접적인 도화선이 되기도 한다. 그런데 르네상스에 대한 교황들의 관심과 후원이 없었다면 오늘의 르네상스 문화는 형성될 수 없었을 것이라는 점은 역사의 아이러니다. 그 긴 출발점이 바로 콘스탄츠 공의회로부터 시작된 것이다.

이단 문제 해결

콘스탄츠 공의회가 낯설다 하더라도, 보헤미아의 개혁가 얀 후스(1372?-1415)가 이단으로 화형당한 공의회였다고 하면 좀 더 익숙할 것이다. 교회 개혁과 이단 문제 대응은 공의회의 끊이지 않는 주제였다. 하지만 이 공의회에서 이단으로 정죄된 인물들은 나중 프로테스탄트 진영에서는 종교개혁의 선구자로 불리는 이들이다. 바로 얀 후스와 그의 사상의 스승이라고 할 수 있는 잉글랜드의 존 위클리프다.

잉글랜드의 개혁가 존 위클리프는 교회 대분열의 시기를 살면서 가톨릭교회의 가르침에 정면으로 도전한 인물이다. 그는 위클리프 성경으로 알려진 성경 번역(영어)으로 잘 알려진 인물이다. '종교개혁의 샛별'이라는 별칭답게 그는 마르틴 루터가 내세운 기치만큼이나 명확하게 가톨릭 교황제에 반대하고 잉글랜드의 반성직주의를 이끌었다. 그는 교회를 신의 선택을 받은 자들의 모임이어야 한다고 주장했는데, 교황이나 추기경들이 신의 선택을 받았는지 여부가 불분명하다고 비판하고 교황을 적그리스도라고까지 불렀다. 그는 신의 선택을 받지 못한 교회는 신의 선택을 받은 세속 군주에게 복종해야 한다고 주장하면서, 잉글랜드 국왕이 교회 문제에 개입해 교회 개혁을 이끄는 것을 옹호했다. 이는 국가가 정당하지 못한 교회의 재산권을 박탈할 수 있다는 데에까지 이어졌다.[7]

그뿐 아니라, 성찬 시 떡과 포도주가 사제의 축복을 통해 그리스도의 몸과 피로 그 실존 양식이 바뀐다는 화체설을 비판해 가톨릭교회의 성직주의에 정면으로 도전했다. 그 결과 그는 생전에 수차례 종교회의에 소집되어 사상의 이단과 오류성에 대해 재판을 받게 된다. 그의 사상은 대학이라는 공간을 넘어 롤라드 Lollard라고 불리는 추종자들을 통해 대중운동으로 확산된다.[8]

그의 신학 사상은 당대 옥스퍼드로 유학을 온 보헤미아의 신학자들을 통해 얀 후스에게까지 영향을 끼치게 된다. 얀 후스 역시 대중 설교를 통해 가톨릭교회의 부패와 타락을 공격하고 국가가 교회의 재산권을 박탈할 수 있다는 주장을 펼친다. 아울러 그는 성찬 시 포도주를 성직자에게만 나누어 주는 성직주의의 상징처럼 여겨진 관행을 버리고, 평신도들에게까지 포도주 잔을 돌렸다.

그의 주장이 대중적인 관심을 받고 확산되어 갈수록 가톨릭교회는 불편할 수밖에 없었다. 급기야 그는 1414년 콘스탄츠 공의회에 소환장을 받는다. 신성로마제국 황제의 안전통행권을 받아 참석한 이 공의회에서 후스는 체포되어 고문을 받는다. 재판 결과 30개의 주장을 이단으로 단죄해 이듬해인 1415년 후스를 화형에 처한다. 그 후 보헤미아는 로마가톨릭에 대항해 국민교회를 형성해 가톨릭교회와 전쟁을 벌이게 된다. 또한 콘스탄츠 공의회는 30년 전(1384)에 사망해 루터워스 교회당에 묻힌 위클리프를 두고는, 그의 주장 200개를 이단으로 단죄하고 뼈를 불살라 강에 던지라는 부관참시를 명한다.

콘스탄츠 공의회에서 답변하는 얀 후스를 묘사한 그림. 콘스탄츠 공의회에서 얀 후스의 화형을 결정했다.

왜 후스와 위클리프였을까? 약간의 시차를 두고 발생한 두 개혁가의 주장은 가톨릭교회의 핵심인 성직주의에 대한 정면 도전이었다. 이른바 중세 말의 반성직주의의 상징적인 흐름이 이 두 사람을 통해 형성되었다. 후스의 보헤미아 국민교회에서는 평신도에게 빵과 포도주를 다 나눠 주는 양종성찬을 하고, 위클리프는 가톨릭 성직주의의 핵심이라고 할 만한 화체설을 부정했다. 그리고 양쪽 모두 세속 국가가 교회 권력을 견제할 수 있다는 세속 지배론을 강조했다. 이 주장은 자연히 가톨릭교회보다는 보헤미아나 잉글랜드의 국가 입장을 대변한 것이다.

이 주장은 100년 후에 일어날 사건의 예고편이다. 루터의 종교개혁은 독일인들의 민족의식에 기대어 반교황주의 전선을 형성했다. 루터 역시 성경 번역을 통해 독일의 민족의식을 일깨웠다. 그래서인지, 그는 자신이 후스나 위클리프파의 영향을 받았다고 한다. 다른 점이라면 루터 역시 신성로마제국 황제가 소집한 제국의회에 소환되었지만, 후스와 같은 운명에 처하지는 않았다는 것이다. 그래서 후스와 위클리프의 개혁을 '조산한 종교개혁 premature reformation'이라고 부른다.[9]

공의회를 통한 교회 개혁

짧게는 40년의 대립 교황 시대, 더 길게 보자면 1309년에 시작된 아비뇽 교황청 시대부터 100년 이상 지속된 비정상 시대의 교회에 대해 서서히 대안적인 움직임이 자라나기 시작한다. 그

움직임은 콘스탄츠 공의회를 통해 공의회주의 운동으로 결실을 거둔다. 공의회의 결과, 항상 교황청이 쥐어 온 교회 개혁 운동의 주도권이 공의회주의자들이 주장하는 흐름으로 넘어온다. 각국 대표들로 구성되는 공의회주의자들의 관심은 여전히 하나의 가톨릭교회였기 때문이다. '교황이 곧 가톨릭교회'라는 관념으로 보자면 낯설지만, 이제 역사는 가톨릭교회와 교황 중심제를 분리하는 시기로 접어들었다. 그만큼 교황의 절대적 권한은 약화되고 세속 군주들의 영향력에 좌지우지되는 시대가 된 것이다.

물론, 이것은 교회의 종교적·도덕적·윤리적 가치를 지켜내지 못한 교황이 자초한 길이다. 콘스탄츠 공의회에서는 대립 교황 문제를 해결하면서 공의회가 교회의 최고 권위이며 교황권보다 우위에 있다는 입장을 담은 교령 〈핵 상크타 Haec sancta〉를 반포한다. 더 나아가 지속적인 교회 개혁을 위해 콘스탄츠 공의회 폐회 5년과 7년 후 각각 공의회를 소집하고, 그 후에는 10년 주기로 공의회를 소집할 것을 결정하는 교령 〈프레퀜스 Frequens〉를 확정 짓는다.**10** 이 결정을 교황이 호락호락 받아들인 것은 아니다. 공의회의 결정에 따라 열린 후대 공의회에서 교황주의자들이 공의회주의자들을 밀어내고 다시금 주도권을 확보한다.

콘스탄츠 공의회는 소집 의제와 결정 과정, 그 결과 측면에서 이전과는 매우 다른 상황을 가톨릭교회에 안겨 주었다. 몇 가지만 다시 정리해 보자면, 교황 선출권을 각 국가의 대표단이 행사했으며, 그 후부터 교황은 모두 이탈리아 출신으로 채워졌다.

이단으로 화형을 당하거나 부관참시 결정이 내려진 얀 후스와 존 위클리프는 프로테스탄트 역사에서는 종교개혁에 직접적인 영향을 끼친 종교개혁의 선구자들로 인정받는다. 그들의 사상에서 눈여겨볼 점은 가톨릭교회의 성직주의를 반대하고 개별 국민국가 군주들에게 교회 개혁의 주도권을 넘겼다는 것이다. 이는 중세 말 근대적 군주국가의 형성기에 등장하는, 국가가 종교를 지배하는 시대의 도래를 상징적으로 보여 주는 흐름이다.

여러 측면에서 콘스탄츠 공의회는 교회가 다시 돌아올 수 없는 강을 건넌 사건이다. 그 강은 100년 후 루터 시대에 이르러 여러 개의 지류로 확정된다.

과거는 미래의 시작점

콘스탄츠 공의회는 1309년 교황청의 아비뇽 유수라는 오랜 과거에서 그 시작점을 찾을 수 있다. 종교적인 영향력을 상실하고 세속 군주의 영향 아래 놓이게 된 '바벨론 유수'와 같은 사건을 통해 교회는 무엇을 지향해야 하는지 고민했어야 한다. 유럽에서 영향력을 회복하기 위해 해야 할 일은 세속과의 결탁이 아니라 자기 쇄신이었다. 하지만 아비뇽의 교황들은 잃어버린 입지와 그로 인해 쪼그라든 재정을 확보하기 위해 다양한 성직자 과세를 도입하고, 뇌물로 성직을 사고파는 다양한 성직매매 방식들이 생겨나게 만들었다.

그뿐 아니다. 절제되지 않은 교회의 욕망이 만들어 낸 괴물인 대립 교황의 시대는 유럽에서 하나의 가톨릭교회란 무엇인가에 대한 근원적인 질문을 던졌다. 두 명, 심지어 세 명의 교황이 동시에 존재하는 현실 앞에서 자연히 교황 수위권에 대한 물음표를 던지게 되는 것이다. 그것이 교회나 교황청의 문제를 공의회가 주도해 해결해야 한다는 '공의회주의' 운동이 등장하게 된 배경이다. 이후 종교개혁이 일어나기까지 향후 100년 동안 교황주의자들과 공의회주의자들 사이에 세력 다툼이 있었음은 미루어 짐작할 수 있다.

이로 보건대, 종교개혁은 급작스레 생겨난 사건이 아니라 점진적인 현상으로 보는 것이 설득력이 있다. 다음 장에서는 공의회주의 운동의 성립과 쇠퇴를 중심으로 이 흐름을 살펴보겠다.

9

바젤-페라라-피렌체 공의회

실패로 끝난 교회의 근대 체제 실험

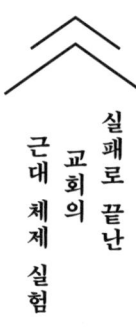

실패로 끝난 교회의 근대 체제 실험

공의회주의 운동

유럽의 정치 지형 변화

중세 가톨릭교회에서는 교회가 위기에 빠질 때마다 교황이 공의회를 개최해 문제를 해결하는 위로부터의 개혁을 추진했다. 그러나 서로 정통성을 주장하는 대립 교황들이 생겨난 교회 대분열의 상황에서는 교황이 더 이상 개혁의 주체가 되지 못했다. 이 과정에서 각 나라를 대표하는 고위 성직자들이 참여한 공의회가 대안으로 떠오르게 되었다. 3인의 대립 교황으로 인한 교회 대분열을 해결하기 위해 개최한 콘스탄츠 공의회(1414-1418)는 대립 교황의 문제를 해결하고 새 교황을 선출해 성공적으로 임무를 완수했다. 이 공의회에서는 10년 주기로 정기적이고 지속적으로 공의회를 개최하도록 명문화함으로써 일상의 교회 관련 문제 해결의 주도권을 교황에게서 공의회로 가져오고자 했다.

좀 넓게 보자면 교회의 아비뇽 유수(1309)부터 교회 대분열이 마무리된 시점(1418)까지 100년은 유럽의 정치적 지형이 변모하는 시기였다. 교황청의 아비뇽 유수는 교황이 유럽 내에서 정치적으로 절대적인 지위를 상실했음을 보여 주는 상징이었다. 더불어 프랑스와 같은 강력한 국가 권력의 영향력으로 인해 교황을 선출할 추기경단이 프랑스인으로 채워지고 자연히 프랑스 출신의 교황들만 선출되자, 보편 교회가 전 유럽 교회의 민의를 대표하지 못하고 특정 국가를 지지하는 문제가 발생했다. 콘스탄츠 공의회에서 교황 선출권을 추기경단이 아닌 국가별로 부여한 이유도 민의의 왜곡을 방지하기 위한 조치였다.

근대적인 형태의 국민국가가 서서히 발전하는 정치 지형의 변화는 전 유럽을 아우르던 가톨릭교회 체제에도 영향을 주었다. 강력한 한 국가의 영향력에 의해 공교회가 좌우되는 것을 막기 위해 제도적으로 전체 교회를 대표하는 공의회에 최상위의 권위를 부여하는 공의회 우위설이 생겼다. 대립 교황이라는 비상 상황을 해결하기 위해 임시 조치였을 듯한 공의회 주도의 교회 개혁은, 유럽의 정치 지형 변화 속에서 생겨난 공의회주의 운동의 결과였다. 이는 교황과 추기경단이 중심이 되어 교회를 이끌어 온 전통에 대해 치밀한 반기를 든 움직임이었다. 교회 대분열이 종료된 후로 교황주의자들과 공의회주의자들 사이에 치열한 주도권 다툼이 전개되었다. 바젤-페라라-피렌체 공의회는 콘스탄츠 공의회에서 정기적으로 공의회를 열게 한 결정에 따라 소집된 것이다.

공의회주의 이론의 탄생

공의회주의자들은 교회의 최종적이고 최고의 권위를 교황이 아닌 신자의 공동체를 대표하는 공의회에 두어야 한다고 주장한다. 공의회주의의 등장은 다양한 층위에서 생각해 볼 수 있다. 초기 기독교 형성기의 공의회는 교황이 주도하지 않았다. 당시 교황은 교회를 대표하는 다섯 대주교구 중 하나인 로마 교회의 주교였기에, 그가 교리와 교회 제도에 대한 의사 결정을 주도하지 않았다. 초대 교회 공의회를 소집한 주체가 교황이 아닌 로마 황제였다는 사실을 다시 상기할 필요가 있다. 중세 교회로 넘어오면서 교황 수위권 papal supremacy 교리가 정밀하게 다듬어지고 교회 문제에 대한 최고의 권한을 교황이 갖게 된다.

중세 말 공의회주의자들은 이 교회법상의 전통에 비추어 교회라는 유기체에서 수장과 그 구성원 사이의 관계를 새롭게 고민했다. 본래 교회의 권위는 교황이라는 한 사람의 수장에게 집중되는 것이 아니라, 다양한 교회의 구성원에 분산되어 있었다는 것이다. 장 제르송이나 피에르 다이 등의 공의회주의자들은 "신자 공동체의 머리는 그리스도이며 공의회가 신자들을 대표해 권한을 행사해야 한다"고 주장했다. 이들은 콘스탄츠 공의회의 소집과 교회 분열의 문제를 해결하는 데 기여했다.[1]

중세 말에 초대 교회 공의회의 성격을 고민한 데는 가톨릭 교회의 권위 아래 하나로 유지되던 유럽에 세속 군주 세력이 강화되는 정치 다원화 상황의 영향도 적지 않다. 교회법을 제정하거나 실행할 때, 특히 교회가 성직자 과세를 하거나 세금을 인상하는 것은 국가를 포함한 공동체 전체의 동의가 전제되지 않고는 실행되기 어려운 문화로 바뀌었다. 교황의 유일한 권한을 주장하는 교황주의자들은 로마제국의 군주제 모델을 지향했지만, 공의회주의자들은 근대 세속 국가들이 채택하는 공화제나 의회제의 유비를 지향했다. 이러한 공의회주의 사고 형성에는 중세 말 변화하는 정치 문화가 직접적인 영향을 주었다. 예컨대 파도바의 마르실리우스는 《평화의 수호자 Defender of the Peace》(1324)에서 시민 공동체 *universitas civium*가 정치 영역에서 최고의 주권을 가진다고 주장했다. 이를 교회에 적용하자면, 신자의 공동체 *universitas fidelium*가 종교 문제에 있어 최종적인 결정권을 가지게 된다.[2] 윌리엄 오컴 역시 공의회는 다양한 계층의 신자들로 구성된 그리스도교 공동체를 대표하는 집합체라고 규정하며, 정통 교황이라 할지라도 그 권한을 제한하는 것이 필요하다고 주장하였다.[3]

그러나 공의회 운동이 탄력을 받고 강화된 데는, 당대의 세속 권력과 교회 권력의 관계 변화도 한 축을 차지한다. 이는 교황 한 사람에게 집중된 권력을 성직자 대표인 공의회로 분산해야 한다는 내부적인 동인을 넘어서는 것이다. 한 걸음 더 들어가면, 공의회 운동은 당시 세속 국가들이 교회와 관련된 문제들에 대해 교황의 간섭을 받지 않고 독자적인 결정권을 취하고자 하는 시도이기도 하다. 교회 대분열은 프랑스 왕이나 신성로마제국 내의 군주들이 교회 문제에 대해 영향력을 확대하는 기회이기도 했다. 공의회에는 성직자들뿐 아니라 세속 군주들도 참여했기 때문이다. 교황제의 파행으로 인한 교회 개혁의 긴급하고도 강력한 요구는 공의회주의 운동에 강력한 추동력이 되었다.

공의회주의자들은 콘스탄츠 공의회에서의 성공을 발판 삼아 정기적인 공의회 개최를 제도화했다. 후속적인 교회 개혁의 요구는 바젤-페라라-피렌체 공의회라는 다소 긴 이름의 공의회 개최로 이어진다. 1431년 바젤에서 소집된 공의회는 1438년 페라라로 옮겨 열렸고, 그 후 흑사병으로 인해 피렌체로 장소를 옮긴 후 1445년 마무리된다. 장소는 바뀌었으나 연속된 의제를 다룬 것이었기에 하나의 공의회로 간주된다.

바젤 공의회(1431-1438)

1431년 2월 교황 마르티누스 5세는 교령 〈프레퀜스〉에 의거해 공의회를 소집한다. 공의회 장소는 신성로마제국 영토 내의 안전한 자유도시 바젤로 정해진다. 그러나 공의회를 소집한 교황이 2월 말 사망하고 이탈리아 베네치아 출신의 교황 에우게니우스 4세가 뒤를 잇는다. 전임 교황과는 달리 에우게니우스는 교황권에 대한 집착이 매우 강했다. 7월 공의회가 개회되었지만, 교황은 공의회주의자들이 주도하는 공의회에 참여할 의지가 없었다. 그러나 프랑스 왕, 신성로마제국 황제와 제후들의 압력에 못 이겨 교황은 결국 1433년 12월에 공의회의 정당성을 인정하게 된다.[4]

바젤 공의회는 참가 구성원에 대한 새로운 규칙을 정하고 내부 의사 결정 절차를 개정하고 사법 및 행정 기구들을 정비했다. 콘스탄츠 공의회에서 개별 국민단에게 의사 결정권을 일괄적으로 부여한 반면, 바젤 공의회에서는 하부 위원회를 만들어 그 위원회에 의사 결정권을 분산시켰다. 그러나 여전히 비공식적으로는 국가별로 의사 결정을 하는 시스템이 유지되었다.[5]

공의회주의자들이 주도해 소집한 공의회인 만큼, 초기에는 파리대학 출신의 급진적인 공의회주의자들이 주도했다. 공의회주의자들은 교황의 묵인하에 공의회의 관할권을 실행하고자 했고, 나아가 교황을 교회의 통치자 자리에서 제거하고자 했다. 여기에는 이탈리아인 교황과 이탈리아인들이 다수인 교황청에 대응하는, 공의회의 다수를 차지하는 프랑스 공의회주의자들의 민족 감정이 크게 작용했다. 하지만 새로 선출된 교황 사절들과 이탈리아 추기경단의 강력한 반발을 샀다. 그들은 비상 상황이 아닌 한, 공의회를 소집하고, 주재하고, 해산하고, 소집 장소를 변경할 권한이 교황에게 있음을 주장했다.[6]

1435-1438년 사이 공의회에서 제기된 개혁 프로그램에는 성직자들이 교황에게 첫해 소득을 납부하도록 하는 초입세를 없애고, 교황의 교회 성직록 지명 권한을 폐지해 성당 참사회의 선거로 성직록을 수여하도록 했다. 또한 교황청 재판소에 항소하는 것을 엄격하게 제한하는 조치 등도 포함되어 있다. 요약하자면, 교황 중심의 체제를 제한하고 재정을 통제하는 조치였다. 바젤의 공의회주의자들은 개별 국가의 교회에 자율적인 교회 통제권을 분산하고자 했다. 이를 뒷받침하기 위해 정기적으로 지역 교구회의를 소집하는 내용도 포함시켰다.[7]

공의회주의자들은 피렌체에 있던 교황에게 사절을 보내 공의회의 결정을 재가해 줄 것을 요청했다. 하지만 급진적인 공의회주의자들의 시도를 교황이 반길 리 없었다. 그뿐 아니라 세속 군주들 역시 바젤 공의회가 진행되는 상황에 실망했다. 공의회주의자들의 시도는 지역 교회를 교황청에서 독립시켜 완전한 행정적·사법적 권한을 부여하는 것이었다. 이렇게 될 경우 세속 권력이 그 영토 내의 교회에 관할권을 행사할 여지가 없어진다. 급진적 공의회주의자들은 면벌부를 발급하는 권한도 대폭 확대해 필요한 비용을 자체적으로 충당하고자 했다. 이러한 시도는 세속 군주들과 온건한 공의회주의자들이 등을 돌리는 결과를 낳았고, 결과적으로 바젤 공의회에서 제기한 개혁 법안들은 실행되지 못했다.[8]

한편, 교황은 공의회주의자들이 주도하는 바젤 공의회를 지켜보며 공의회의 내부 분열을 도모하는 전략을 세웠다. 그것은 바로 동방교회와의 일치를 모색하는 것이었다. 1054년 필리오케 논쟁 등 일련의 차이로 인해 분열된 후에도 화해 시도는 꾸준히 있었다. 동·서방교회 일치 문제는 교황주의자들과 공의회주의자들의 대립 구도나 교회 개혁 이슈들을 한순간에 집어삼킬 파괴력을 가진 이슈였다. 교황이 동방교회와 공식적으로 교회 일치를 협의하겠다는 이슈를 제기했을 때, 바젤 공의회는 급진파와 온건파의 의견이 나뉘었다. 결국 교황의 의도대로 새로운 안건(동·서방교회 일치)이 기존의 논의를 압도해 버렸다. 공의회의 주도권을 쥐게 된 교황 에우게니우스 4세는 〈프레퀜스〉와 〈핵 상크타〉를 효과적으로 무력화했다.[9]

교회 일치 문제를 논의하기 위한 동방교회 사절단은 동부 이탈리아를 넘어서까지 여행하기에는 어렵다는 이유를 내세워 공의회 장소 변경을 요청했다. 다수가 프랑스인인 공의회주의자들은 아비뇽에서 개최할 것을 주장했지만, 나머지 참가자들이 동방교회의 의견을 수용함으로써 결국 공의회는 이탈리아 페라라로 장소를 옮겨 열리게 된다. 급진적인 공의회주의자들만 바젤에 남고, 유력한 성직자들과 신학자들은 바젤을 떠나 페라라 공의회에 합류했다. 이로써 공의회 우위설을 내세우는 공의회주의자들과 교황 우위설을 내세우는 교황주의자들이 각각 다른 장소에서 별도의 공의회를 진행하며 대립을 이어 간다. 바젤 공의회는 수적으로는 다수였지만 영향력이 크지 않았다. 반면, 페라라 공의회에는 소수가 모였지만 교황이 주재하는 동·서방교회 일치라는 압도

적인 안건이 다루어졌다.[10]

페라라 – 피렌체 공의회

1438년 1월 페라라에서 동·서방교회 일치와 교회 개혁 등을 놓고 공의회가 개최되었다. 첫 번째 회기에서는 바젤에서 다루었던 모든 안건을 폐기한다. 동방교회 대표단이 도착할 즈음에 교황 에우게니우스 4세도 직접 공의회 장소에 참석한다. 두 번째 회기에서는 여전히 바젤에 머물러 별도의 공의회를 진행하고 있는 참가자들을 파문한다. 그 후 동방교회 사절단이 도착하자 교황이 직접 페라라 성당에서 동·서방교회 대표가 함께 참여하는 회의의 사회를 맡는다.

동·서방교회 일치와 관련해 제기된 안건은 필리오케 논쟁, 연옥 교리, 성찬 시 누룩 있는 빵의 사용 여부와 교회 수위권에 대한 논쟁이었다. 동로마(동방교회) 대표단은 매우 우호적으로 논의에 참여한다. 그럼으로써 1438년 10월 동·서방교회는 지난날 서방교회와 동방교회 분열의 씨앗이 되었던 필리오케 논쟁에 대해 합의를 이룬다. 동방교회에서 사도신경에 필리오케를 삽입하는 데 동의한 것이다. 그런데 페라라에서 진행되던 이 공의회는 그 지역에 흑사병이 발생하자 교황의 제안으로 이듬해 1월 피렌체로 장소를 옮겨 계속된다.

피렌체 공의회를 묘사한 《뉘른베르크 연대기》 속 목판화

신학적 차이에 대한 합의라고는 하지만, 모든 결정은 로마 가톨릭 쪽에 우호적으로 내려졌다. 필리오케 관련 논의뿐 아니라, 성찬식 때 쓰는 빵에 누룩을 넣는지 여부에 대해서는 서방은 서방의 전통을 지키고, 동방은 서방의 전통을 수용할 수 있도록 합의했다. 교황의 수위권 문제에서는 초대교회에 형성된 5개의 총대주교구에서 로마 주교가 수위를 차지한다는 데 어렵사리 합의할 수 있었다. 가장 논란이 되는 사안은 '연옥 교리'였다. 왜냐하면 연옥 교리는 서방교회의 전통 안에서 형성되었기 때문이다. 논쟁 끝에 이 역시 동방교회가 수용함으로 정리된다.[11]

동·서방교회의 분열 과정에 교리적인 측면 못지않게 정치적 고려가 작용했듯이, 논쟁적인 교리에 대한 합의 과정에도 정치적인 고려가 있었다. 당시 비잔틴제국은 오스만튀르크의 침략으로 큰 위기를 겪고 있었다. 제국의 생존을 위해서는 서유럽의 지원이 무엇보다 중요한 과제였다. 풍전등화 같은 위기 상황을 벗어나기 위해 서방의 지원이 절실했던 동로마제국 황제는 합의라기보다는 거의 일방적인 양보를 했던 것이다.

1439년 동·서방교회는 마침내 400년 만에 교회 일치에 도달하는 듯 보였다. 교황은 동로마제국 황제의 요청에 따라 동로마에 군사적·재정적 지원을 약속한다. 그러나 동방교회 대표단으로서는 현실적이고 정치적인 고려에 따라 이루어진 합의가 못내 부담스러웠다. 가톨릭교회는 교회 일치가 이루어졌다고 선언했지만, 동방교회 대표단은 그 선언이 자신들의 의견일 뿐이며 동로마로 돌아가 교회 회의에서 추인을 받아야 확정된다며 유보적인 모습을 보인다. 그럼에도 교회 일치를 선포한 공의회는 뒤이어 과거 교리 문제로 분열되었던 여러 다른 동방교회 분파들과 일치를 위한 논의를 진행한다. 그리고 1439년 아르메니아 교회, 1442년 시리아 정교회, 1445년에는 네스토리우스파와 마론교와도 일치를 선언한다.

  그러나 동·서방교회 일치는 실질적으로 실현되지 못했다. 동방교회 대표단이 돌아가서 발표한 합의문은 합의를 종용한 황제를 제외하고 대부분의 동방교회 성직자와 수도사, 그리고 대중의 거센 반발에 부딪힌다. 황제는 이 합의가 실현되지 않으면 서방의 군사적·재정적 지원을 받을 수 없다는 점을 강조하고 오스만튀르크의 위협이 사라질 때까지 한시적으로 합의를 수용해 줄 것을 요구한다. 하지만 1453년, 이 일치 선언이 동방교회에서 실현되지 못한 채 천 년의 비잔틴제국은 수도 콘스탄티노플 함락과 함께 역사의 뒤안길로 사라진다. 합의를 실행할 당사자가 없어진 상황이 된 것이다. 그로부터 500년이 넘는 세월이 흐른 1965년, 제2차 바티칸 공의회 때 마침내 공식적인 동·서방교회 일치를 선언한다. 물론 천 년간 이어진 불화를 딛고 화해했다는 상징적인 선언에 불과했지만 말이다.[12]

  1445년 페라라-피렌체 공의회는 여러 성과를 얻고 마무리된다. 앞서 바젤에서 진행되던 공의회는 그것대로 진행되었다. 더욱 과격한 안건과 급진적인 결과를 도출한 채 말이다. 1439년에는 교황 에우게니우스 4세를 파문하고 펠릭스 5세를 교황으로 선출해 또다시 대립 교황이 등장하는 교회 분열 상황을 야기한다. 이 대립은 10년간 이어진다. 1448년 신성로마제국 황제 프리드리히 3세가 교황 편에 서자 결국 펠릭스 5세가 스스로 교황직에서 물러남으로써 또 다른 교회 분열은 종식된다.

공의회 운동, 그 실패의 교훈

바젤 공의회 진영의 패배는 교황주의자들과 공의회주의자들의 대립에서 교황주의자들이 승리했음을 의미한다. 공의회주의자들이 콘스탄츠 공의회에서 10년마다 공의회 개최를 결정한 규정을 교황은 더 이상 따르지 않게 되었다. 후속 공의회인 제5차 라테라노 공의회가 개최되기까지는 72년이 걸린다. 이 공의회는 흥미롭게도 마르틴 루터의 종교개혁이 일어난 해인 1517년까지 열린다. 상징적으로 보자면 공의회 운동의 실패로 개혁의 동력을 상실한 교회는 종교개혁으로 전환점을 맞기까지 또다시 70여 년의 바벨론 유수와 같은 상황을 맞이한다.

역사적인 평가로는, 콘스탄츠 공의회를 거쳐 바젤 공의회까지 이어진 공의회 운동은 실패했다. 공의회를 통한 교회 개혁은 실행되지 못했고, 공의회를 기대하던 사람들은 실망했다. 중세 말 공의회 운동은 대립 교황으로 상징되는 교황권 타락을 견제하고 교회를 정화할 충분히 설득력 있는 대안이었다. 교황과 소수의 추기경단이 아닌, 전 유럽의 교회를 대표하는 국민단이 정기적으로 소집되어 중요한 의제를 논의하고 결정한다는 점에서 진일보한 시도였다. 1인 또는 소수에 집중됨으로써 고인 물이 되어 타락하기 쉬운 권력을 골고루 분산한다는 점에서 유의미했다. 국민단을 중심으로 교회 의제를 결정하려 했던 공의회주의자들의 이 실험은 당시 점진적으로 모양을 갖추어 간 근대 국민국가를 모델 삼은 것이다.

그런데 이 공의회 운동이 지속적인 호응을 얻지 못하고 끝내 무산된 이유가 무엇일까? 먼저, 이상과 현실의 간격이 컸음을 지적할 수 있다. 공의회주의가 내세운 '권력 분산을 통한 교회 개혁'이라는 이상은, 현실 세계에서는 교황에게 집중되었던 권력이 국가라는 영토 내의 교회로 전환되는 결과를 낳았다. 권력 분산이 아니라 또 다른 형태로 교회에 권력이 집중되는 것이다. 바로 이 지점에서, 공의회주의 운동을 지지하던 한 축인 왕들이나 제후들이 주저했다. 그리해 세속 권력이 공의회 우위설을 내세운 이들에 대한 지지를 끊었다. 둘째, 공의회주의자들이 패배한 주요 원인 중 가장 실질적인 것으로는, 그들이 내세운 개혁 과제들이 세속 통치자들에게 어떠한 유인책도 주지 못했기 때문이다. 교황에게 집중된 권한을 분산해 지역 교회에 자치권을 주는 것이 공의회 운동의 목표였다면, 세속 군주들의 관심은 한 발 더 나아가 통치 지역 내의 교회를 일정 정도 국가의 영향력 아래 두어 그들 자신이 통제하는 것이었다.

교황권 견제라는 대의는 같았지만, 공의회주의자들과 세속 군주들은 서로 동상이몽을 꾸고 있었다. 급진적인 공의회주의자들이 바젤 공의회에서 면벌부 판매권 확대 결정을 통해 독자적인 재정 조달을 추진한 것은 교황권과 세속권 양쪽으로부터 독자적인 교회를 유지하려는 의도로 읽힐 수 있었다. 그들의 주장에서 이러한 의도가 드러나자, 공의회주의 운동은 쉽게 동력을 상실했다. 중세의 교회 개혁이 성공했을 때는 비움과 버림의 사도적 청빈을 내세웠기 때문이다. 교회 개혁이란 대의가 권력 분점으로 비치자 지지를 상실하고 말았다. 대의명분, 자기 부인, 자기 포기, 도덕성. 이 가운데 어느 하나라도 놓칠 때 대중은 쉽게 등을 돌려 버린다. 그래서 체제 내에서 변혁하려는 시도는 성공보다는 실패가 많았다.

개신교라는 자의식에서 벗어나 담백하고 낯선 시각으로 바라보면, 종교개혁은 개혁을 주장했던 교회가 과도하게 세속 군주의 영향력 아래 들어간 사건이기도 하다. 공의회주의자들이 내세웠던 '교황 중심제를 벗어난 교회 자치와 권력 분산'의 이상은, 세속 군주들이 자기 영토 내의 교회를 통제하게 되는 기대하지 않은 방식, 곧 국가주의에 종속되는 방식으로 실현되었다. 공의회주의 이론이 중세의 다른 어떠한 이론보다 근대 국가의 지배 개념을 형성하는 데 중요하게 기여하였음은 널리 인정되고 있다.[13]

우리에게는 불편한 얘기이지만, 프로테스탄트 교회는 교

황의 통제에서 벗어났지만 종교개혁은 세속 군주의 지지 없이는 지속할 수 없게 되었다. 이 관점을 확대하면, 종교개혁의 결과 교회와 국가(세속) 권력의 긴장이 사라져 둘의 경계가 희미해진 점을 부인할 수 없다.

교회, 그 존재만으로도 긴장 유발할 수 있어야

역사는 이상적으로 발전하지 않았다. 교회사라고 해 예외는 아니다. 변곡점을 만나 전환이 이루어지는 것은 여러 현실적인 조건이 부합해야 한다. 공의회주의자들은 중세 말 체제 내의 개혁가들이다. 체제 내의 권력 분산을 통해 더 나은 교회 구조를 만들고자 했다. 하지만 그들이 한 번의 승리로 급진적이 되어 과도한 존재 의식을 드러냈을 때 체제 내 개혁은 좌초되었다. 공의회주의자들의 처절한 실패는 두고두고 역사의 교훈을 준다. 교회 개혁은 '버리고 놓을 수 있는 용기'를 전제해야 한다는 사실 말이다. 교회의 존재는 권력과 사회에 끊임없이 긴장을 유발할 수 있어야 한다. 교회가 국가를 포함한 사회에 줄 수 있는 최대치의 긴장은 도덕적·윤리적 긴장일 것이다. 이 긴장이 사라지고 교회마저 권력 다툼이나 영향력 행사에 치우칠 때 개혁의 동력은 곧 사라졌다.

바젤에서 페라라, 그리고 다시 피렌체로 이어지면서 15년 가까이 진행된 공의회 기간 동안 그 공간적인 우여곡절만큼이나 여러 외생적 변수가 등장했다. 동·서방교회 일치 논의, 흑사병, 오스만튀르크의 서진, 비잔틴제국의 쇠락, 또 다른 교회 분열 등이 뒤얽혀 있다. 마치 중세 말의 혼란한 사회상을 당대 교회가 고스란히 안고 있음을 보여 주는 듯하다. 중세 천 년 동안 개혁의 주체였던 가톨릭교회는 이 혼란을 이겨내지 못하고 개혁의 대상으로 전락한다. 종교개혁은 그 혼란의 필연적인 파생물이다.

마지막으로, 한 가지 덧없는 가정을 해 보자. 만약 공의회주의가 정착되고 교황이 공의회주의를 따르게 되었다면 중세 말은 어떻게 되었을까? 적어도, 중세 말의 종교로 인한 혼탁은 꽤 걷혔을 것이다. 어쩌면 종교개혁은 일어나지 않아도 되었을 것이다. 중세 말이 국가, 영토, 주권을 기반으로 하는 국민국가의 형성기와 맞물렸다면, 독점적 권력을 지향했던 교황제에 위기가 찾아오리라는 것은 필연이다. 개별 교황의 도덕성에 대한 혐의를 제기하기 전에 권력 독점을 꾀하는 구도 자체가 문제임을 지적해야 한다. 오늘날 교회가 사회의 가치와 충돌하며 겪는 혼란은 이미 다원화된 문화 속에서 홀로 궁극적 가치와 권위를 담보하고 있다는 비현실적 자의식 과잉 때문임을 부인할 수 없다. 종교개혁은 독점에서 다점으로 종교 권력 구조에 변화가 일어난 것이다. 다원화된 사회를 살아가는 지금 우리네 교회도 동일하게 고민해야 할 지점이다.

10

제5차 라테라노 공의회

교회가 사람을 못 바꾸면, 사람이 교회를 바꿔야 한다

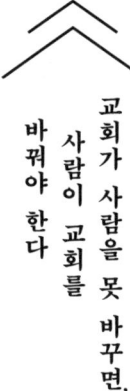

교회가 사람을 못 바꾸면,
사람이 교회를
바꿔야 한다

가톨릭교회, 다시 제국을 꿈꾸다

제5차 라테라노 공의회는 루터의 종교개혁 이전에 열린 마지막 공의회다. 당대 가톨릭교회가 부닥친 위기를 극복하기 위해 개최되었지만, 공의회 종료 후 채 몇 달이 지나지 않아 독일 비텐베르크에서 루터의 종교개혁이 시작되었다. 이 공의회는 결과적으로 그 시대가 요구하는 정서를 가톨릭교회가 읽어 내지 못했음을 말해 준다.

　　제4차 라테라노 공의회가 열린 게 1213년이었으니 꼬박 300년 만에 다시 로마의 라테라노 궁전에서 공의회가 열렸다. 제4차 공의회는 유럽 세속 군주들과의 대립 속에서 교황의 절대적인 힘의 우위를 드러냈다. 하지만 공교롭게도 그 후 공의회는 교황의 본거지인 로마가 아닌 리옹, 비엔, 콘스탄츠, 바젤, 페라라, 피렌체 등에서 개최되었다. 교황과 프랑스 왕 및 신성로마제국 황제로 대표되는 세속 군주들 사이의 갈등 단면이 공의회 개최지 역사에서도 드러난다.

  자, 이제 돌고 돌아 다시 로마에서 이탈리아인 교황이 공의회를 소집하게 되었다. 정치적인 차원으로 이해하자면 종교개혁의 긴 여정은 유럽의 세속 권력과 교황권의 관계 재설정이 이루어진 콘스탄츠 공의회로부터 시작되었다고 언급한 바 있다. 콘스탄츠 공의회 이후 종교개혁까지 모든 교황들이 이탈리아 출신들로 채워졌다는 것은 상징적이다. 달리 말하자면 전 유럽에 걸쳐 행사되던 교황의 영향력이 이탈리아 내로 축소된 것이다.

  그렇다면 교황은 어떤 선택을 할 수 있을까? 당연히 이탈리아 내의 군주로서 실질적인 정치적·경제적 영향력을 확대해 나가려 할 것이다. 교황은 고대 로마 시대의 황제를 꿈꾸게 된다. 그 방편으로 고대 로마의 문예를 복원하고 발전시키는 르네상스를 적극 후원하는 한편, 세력 확장을 위해 전쟁이라는 무력도 마다하지 않았다. 그래서 콘스탄츠 공의회에서 선출된 교황 마르티네스 5세부터 루터의 종교개혁기 교황 레오 10세까지의 시기를 '르네상스 교황기'라고 부른다. 교황의 영향력이 이탈리아 내로 축소됨으로 인해 대다수 교황들이 남부 유럽의 귀족이나 재력가 가문에서 나오게 되었다. 그들이 추구하는 지향점은 종교적 쇄신이 아니

었다.¹

르네상스 교황기를 대표하는 교황 중 한 명인 알렉산데르 6세(1492-1503 재위)의 예를 들어 보자. 본명은 로드리고 보르자로, 이탈로-에스파냐 가문으로 불리는 보르자 가문 출신이다. 정적을 잔혹한 방식으로 살해하며 가문의 세력을 넓혀 가서 이탈리아 마피아의 원조라고 불리기도 하는 가문이다. 로드리고 보르자는 교황이 되기 전에 여러 명의 아내와 자녀를 두고 있었다. 그의 아들 (엄밀하게는 사생아) 중 하나가 마키아벨리가 쓴 《군주론》의 모델로 알려진 체사레 보르자다.²

체사레 보르자는 아버지의 후광으로 18세에 추기경이 된 인물이다. 알렉산데르 6세는 타락한 교회 권력에 맞서 싸운 피렌체의 개혁가 지롤라모 사보나롤라(1452-1498)를 화형시켰다.

이탈리아의 대표적인 메디치 가문에서도 세 명의 교황이 나온다. 레오 10세는 피렌체 공국의 실질적 통치자, 로렌초 데 메디치의 아들이다. 교황 클레멘스 7세는 레오 10세의 사촌이다. 또한 교황 레오 11세의 어머니가 레오 10세의 조카였다. 중세 말 교황들은 라틴 유럽에서 종교적 구심점 역할을 하지 못하고, 자신이 속한 가문의 이익을 수호하는 가문의 경영자이자 세속 군주 역할에 머물렀다. 아니, 세속 군주로서 아주 충실하게 교황령을 지키고 확대해 나가는 데 온 힘을 썼다.

물론, 르네상스 교황들이 문화적으로는 간과할 수 없는 기념비적인 업적을 남긴 것을 간과할 수는 없다. 르네상스 교황들은 이탈리아 르네상스 예술의 최대 후원자였다. 교황 율리우스 2세 (1503-1513 재위))는 옛 로마의 영광을 재현하기 위하여 성 베드로 대성당 개축을 시작했다. 후임 교황 레오 10세(1513-1521 재위) 시기 종교개혁을 촉발한 역사의 오명을 안고 있지만 성 베드로 대성당은 르네상스 교황 시대가 남긴 걸작품임을 부정할 수는 없다.³ 건축 공모에서 선택된 양식은 중세 기독교를 대표하는 고딕 양식이 아니라, 오히려 고대 신전인 판테온과 닮은 그리스 건축 양식이다. 한 걸음 더 나아가, 교황 식스투스 5세(1585-1590 재위)는 로마를 현재 남아 있는 형태로 도시 재건을 실행했다.⁴

가톨릭의 본산인 로마의 오늘의 모습이 기독교적 색채보다는 고대 로마의 흔적으로 채워져 있는 이유다. 르네상스 교황들이 꿈꾼 로마는 위대한 고대 로마제국의 회복이었다.

공의회 소집 배경

피사 공의회(1511)

교회 대분열을 해결하기 위해 모였다가 실패한 공의회가 피사 공의회(1409)다. 여러 이유로 가톨릭의 공의회에 포함되지 못한, 또 하나의 피사 공의회가 있다. 프랑스 왕 루이 12세와 신성 로마제국 막시밀리안 1세의 요구로 제5차 라테라노 공의회 개최 1년 전인 1511년에 피사에서 다시 공의회가 열렸다. 율리우스 2세는 1503년 교황으로 선출되었을 때 공의회를 개최하겠다고 약속한 바 있다. 그러나 이탈리아반도에서의 전쟁으로 차일피일 미뤄졌다.

이 공의회는 사실상 프랑스 왕과 교황 사이의 대립을 보여 주는 또 다른 국면이다. 프랑스 왕은 피사 공의회를 통해 교황을 견제하고자 했다. 그러나 공의회주의의 회복을 바라는 프랑스 추기경들이 세속 군주들의 지원을 받아 주도한 이 공의회는 군주들이 지지를 철회하자 흐지부지되고 만다. 율리우스 2세는 이 피사 공의회를 이끌었던 네 명의 추기경들을 폐위하고 파문한다. 그리고 이 공의회를 두고 '사창가'라는 의미를 지닌 '콘실리아블룸 *conciliabulum*'이라며 비난한다. 그 후 교황은 제5차 라테라노 공의회를 소집해 1512년에 첫 회기가 시작되었다. 오랜 기간 로마를 떠나 여기저기 전전하며 열리던 공의회가 다시 로마에서 열리게 된 것은 교황의 정치적 권위가 어느 정도 회복되었음을 보여 주는 것이다.[5]

공의회의 교황들

제5차 라테라노 공의회를 소집한 교황 율리우스 2세는 '전사 교황warrior pope'으로 불린다.[6] 율리우스라는 이름 역시 고대 로마의 위대한 장군 율리우스 카이사르에서 따온 것이라고 한다. 이름에서 드러나듯 그는 로마 황제의 계승자라는 자의식을 갖고 교황직을 수행했다. 그는 라파엘로, 미켈란젤로, 레오나르도 다빈치 등을 후원해 고대 로마 문명을 재현하고자 하는 르네상스의 절정기를 이끌었다. 오늘까지도 세계에서 가장 충성스럽고 용맹스럽다고 하는 스위스 근위대를 창설한 이도 다름 아닌 율리우스 2세다. 그는 오스만튀르크에게 점령당한 콘스탄티노플을 회복하기 위해 십자군을 계획하기도 했다.

중세 말 이탈리아반도는 크고 작은 도시국가들이 세력 다툼을 하고 있었다. 프랑스 역시 이탈리아반도 내에 큰 영향력을 지니고 있었는데, 프랑스 왕 루이 12세는 피렌체 공국에 압력을 가해 충성 서약을 받아 내려 했다. 그러자 교황은 프랑스 편에 선 페라라 공작 알폰소를 파문하는 것으로 대응한다. 벼랑 끝 전술을 편 교황에 맞서 루이 12세는 프랑스 주교회의를 열어 교황이 무력을 행사할 경우 프랑스 교회는 교황에 대한 충성을 거둘 수 있음을 경고하고, 공의회 개최를 요구한다. 교황은 이 요구를 수용하는 대신 반反프랑스 동맹을 결성해 대응한다. 그 후 교황은 직접 교황청 군대를 이끌고 프랑스 왕 루이 12세의 군대와 전투를 벌이기도 하다.

외교와 전쟁 등의 책략을 통해 교황령을 보호한 율리우스 2세를 마키아벨리는 가장 이상적인 군주라고 호평했다. 반면, 인문주의자 에라스뮈스는 《율리우스 엑스클루수스 *Julius exclusus*》에서 율리우스 2세를 천국 문 앞에서 베드로에게 쫓겨나는 부도덕한 인물로 풍자했다. 볼로냐에 체류하던 에라스뮈스는 1506년 11월 율리우스 2세가 교황청 군대를 이끌고 볼로냐에서 개선식(1506)

을 하는 광경을 지켜보았다. 그는 이 그리스도의 대리자가 무장한 정복자의 모습을 하고 로마 황제의 개선식을 거행하는 것을 보며 가톨릭교회의 암울한 종말을 예견했다.[7]

교황 율리우스 2세를 어떻게 평가할 수 있을까? 그가 이탈리아 르네상스의 전성기를 가져온 탁월한 통치자의 모습을 지녔음은 부정할 수 없다. 그러나 그가 대표하던 가톨릭교회 수장으로서 그에 대한 평가는 다르다. 그가 이탈리아에서 추구했던 정치와 무력을 통한 세속 권력의 확대는 유럽의 가톨릭교회가 마주하고 있던 도덕성의 위기를 극복해 나가는 데 장애물이었다.

공의회를 소집한 율리우스 2세는 이미 병약해진 상태라 공의회가 개최된 이듬해(1513) 사망한다. 뒤를 이어 피렌체의 로렌초 데 메디치의 조카인 조반니 디 로렌초 데 메디치(1475-1521)가 젊은 추기경단의 지지를 받아 교황으로 선출된다. 레오 10세라 이름한 그가 교황으로 재위하던 시기에 종교개혁이 발생함으로써 그는 역사에 부끄러운 이름을 남겼다. 그는 교황으로 선출되었을 당시 "신이 내게 교황직을 주었으니 마음껏 즐기겠다"고 말한 것으로 알려졌다. 그는 성 베드로 대성당을 건축하기 위해 면벌부 판매 권한을 남용해 종교개혁을 촉발했다.

제5차 라테라노 공의회

공의회 첫 회기는 1512년 5월 3일 시작했다. 추기경, 대주교, 주교, 수도원장 등을 포함 100명이 채 안 되는 성직자들과 신성로마제국 황제의 사절, 베네치아와 피렌체 공국의 사절이 참여한 그리 크지 않은 규모였다. 피사 공의회를 주도했던 프랑스 출신의 성직자들과 대표단이 참석하지 않았으니 반쪽짜리였다고 할 수 있다. 공의회의 규모와 의제, 결정 사항들은 결과론일 수 있지만, 왜 종교개혁이 일어났어야만 했는지, 루터의 주장이 전 유럽에 왜 그렇게 큰 파장을 일으켰는지, 왜 가톨릭교회가 제대로 대응을 할 수 없었는지를 총체적으로 보여 준다. 그렇기 때문에 콘스탄츠 공의회에서 시작한 공의회주의 운동이 무력화되어 교황 중심의 교회 자정을 기대하기 어렵게 되었다는 점은 종교개혁 이후 트리엔트 공의회로 이어지는 공의회 운동에서 되짚어 볼 지점이다.[8]

교회 개혁과 거리가 먼 결정들

이 공의회는 율리우스 2세가 교회 개혁을 목적으로 소집한 것이라기보다는, 프랑스 왕이 대표하는 교황권에 도전하는 공의회주의에 대한 반응으로 시작했다. 그래서 공의회에서 결정한 가장 핵심적인 사항은 피사 공의회의 불법성을 확인하는 것과, 거기에 참여했던 추기경들을 파문하는 것이었다.

1515년 5월, 레오 10세가 교황직을 승계한 후 계속된 공의회에서는 몇 가지 법령을 공표한다. 그중 특징적인 몇 가지를 열거하자면 새로운 책을 인쇄하기 전에 반드시 지역 주교의 허가를 받게 한 조항이 있다. 이는 인쇄술의 등장으로 기하급수적으로 늘어난 책의 보급과 그에 대한 교회의 우려를 보여 주는 예라고 할 수 있다. 읽고 쓸 줄 아는 대중이 늘어나면서 교회의 통제를 넘어서는 다양한 사상과 사고들이 증폭한 것이다. 이 현상은 루터의 저술이 인쇄되어 대중적으로 읽히면서 그의 종교개혁이 빠르게 확산되었다는 것에서 확인된다.[9]

또 하나는 오스만튀르크의 서진西進에 대한 위기의식이 전 유럽에 고조되면서 전쟁에 대비한 3년간 세금 부과를 결정한 것이다. 1453년 수도 콘스탄티노플 함락으로 막을 내린 비잔틴제국의 멸망은 유럽인들에게도 실질적인 공포로 다가왔다. 중세 말 유럽인들에게 가장 현실적이고 급박한 위협 중의 하나가 바로 오스만제국의 서진이었다. 15세기 말부터 해상권을 장악한 오스만제국은 1480년 성전 기사단이 방어하던 그리스의 로도스섬을 공략해 1522년에는 그 지역 해상권을 거머쥔다. 이에 교황청 역시 그리스 앞바다에서 벌어지고 있는 현실을 무시할 수 없는 위협으로 인식한다. 역설적이게도 이 외부의 적인 이슬람의 침입이 루터가 작센 지역에서 실행한 종교개혁을 신성로마제국 황제가 무력으로 누르지 못한 한 가지 이유다. 제국이 내분에 휩싸이면 외부의 침략 앞에 속수무책으로 당할 수밖에 없다는 위기의식 때문이다.

○ 공의회 역사를 걷다

라파엘이 그린 교황 율리우스 2세

제5차 라테라노 공의회의 결정 사항을 보면 흥미롭게도 이전 공의회에서 주요 안건으로 나왔던 교회 개혁 관련 내용이 매우 빈약하다. 중세 교회 역사에서 공의회는 위로부터의 개혁이라는 이름으로 교황, 추기경, 대주교 등을 위시한 성직 계급의 자기 개혁을 위한 노력의 산물이었다. 공의회주의의 등장은 교황청이 자체 개혁을 할 의지나 능력이 상실된 상황에서 일어난 교회 개혁을 위한 조치이기도 했다. 그러나 지난 바젤-페라라-피렌체 공의회에서 드러났듯이 15세기 중반 공의회주의 운동은 이미 실패했다. 다시 교회는 종교적 갱신 의지가 의심되는 교황권 아래로 들어가게 되었다.

교황들은 유럽 전체의 종교 문제를 다루는 일에 우선순위를 두는 개혁적인 인물들이 아니었다. 이탈리아 귀족 가문 출신들인 그들이 추구한 것은 이탈리아반도 내의 세력 확장이었다. 교황이 선출하는 추기경들 역시 주로 이탈리아인으로 구성되었다. 이 추기경들은 이탈리아 내외부의 여러 교회 직책을 맡으면서 성직자에게 부여하는 은급인 성직록을 독차지해 부를 축적했다. 한 사람이 여러 개의 성직을 맡는 복수겸직과 그에 따른 부재성직자의 문제는 성직자 개인의 도덕적·윤리적 해이를 낳았을 뿐 아니라 교회 정치와 행정도 부패하게 만들었다.

루터의 분노를 자아냈던 마인츠 대주교 알브레히트의 성직매매 추문은 당시 부패한 구조를 여실히 보여 준다. 신성로마제국 황제를 선출할 자격을 갖춘 선제후인 마인츠 대주교가 되고

○ 공의회 역사를 걷다

라파엘이 그린 교황 레오 10세와 2인의 추기경

싶었던 알브레히트는 교황 레오 10세에게 성 베드로 대성당을 위한 기금을 약정하고, 그 비용을 충당하기 위해 8년간 면벌부를 판매할 수 있는 권한을 교황에게서 받았다. 그가 고용한 면벌부 판매 수사가 바로 테첼이다.[10]

예측하지 못한 종교개혁

중세 말 공의회를 통해 개혁을 꿈꾸었던 공의회주의자들이 영향력을 상실하면서 교회 개혁은 교황의 의지에 맡겨졌다. 그러나 자신의 정치적 영향력 확대에만 골몰했던 교황이 자체 개혁을 추진할 리 없었다. 1511년의 피사 공의회는 공의회주의자들이 가톨릭교회에서 교황권을 견제하기 위해 시도한 마지막 저항이었다.

물론 제5차 라테라노 공의회에서 교회 개혁에 대한 시도가 없었던 것은 아니다. 베네치아 출신의 수도사인 토마소 주스티니아니Tommaso Giustiniani와 빈센초 퀴리니Vincenzo Quirini는 그간 공의회 역사에서 가장 과감한 개혁 법안을 제출한 인물로 평가받는다. 그들은 동·서방교회 일치에 대한 권고, 신대륙 아메리카 선교, 그리고 당시 여러 문제를 안고 있던 탁발 수도회의 축소 등을 담은 제안서를 레오 10세에게 제출했다.[11]

그 이상으로 의미를 부여할 수 있는 제안은, 그들이 실질적인 제도적·도덕적 개혁의 성취를 위해 교리 개혁의 필요성을 강조했다는 점이다.[12] 하지만 그들이 제안한 개혁 법안들은 숙고

○ 공의회 역사를 걷다

면벌부 판매를 풍자한 그림

되지 못했으며, 나온 결과물 역시 획기적인 개혁 조치는 들어 있지 않았다. 오히려 1516년 레오 10세의 교서 〈파스토르 애테르누스 Pastor Aeternus〉를 통해 교황권이 공의회에 앞선다는 것을 공식화했다. 그간 교회 권력 핵심부에 대해 제기한 시도가 실패했음이 명백해졌다.[13]

교회 개혁에 대한 소극적이고 수동적인 결론은 이미 첫 회기가 시작될 때부터 감지되었다. 아우구스티누스 수도회의 총장인 비테르보의 자일스 Giles of Viterbo가 공의회 개회 설교를 했는데, 이 설교에 향후 진행될 공의회의 전망이 고스란히 드러나 있다. 그는 "종교가 사람을 바꾸는 것이지, 사람이 종교를 변화시킬 수는 없다 homines per sacra immutari fas est, non sacra per homines"고 주장했다. 이는 앞서 주스티니아니와 퀴리니의 개혁 안건에 제시된 것처럼 '새로운 것들 res novae'을 받아들여 개혁해야 한다는 필요성에 대한 가톨릭교회의 공식 반응이다.[14]

새로운 것들이라 함은 기존 제도 교회에서 가르치는 교리를 넘어선 가르침을 의미한다. 그런 점에서 주스티니아니와 퀴리니의 개혁적인 주장은 머지않아 루터가 제기하게 될 교리 개혁과 동떨어진 것이 아니다. 이는 루터의 교리 개혁이, 강도나 정도의 차이가 있을지언정 가톨릭교회 내부에서도 지속적으로 고민해오던 주제라는 것을 의미한다. 하지만 가톨릭교회는 제도 교회의 틀을 유지하기 위해 완고하게 교리적인 집착만을 강조했다. 가톨릭교회는 변화하는 시대를 읽지 못했다. 이미 잉글랜드에서, 독일에서, 수많은 유럽 지역에서 스스로 글을 읽을 수 있게 된 문해자들이 번역된 성서와 자국어로 쓰인 경건 서적 등을 통해 독자적인 종교성을 형성하고 있었다. 이미 상당수 서유럽인들은 알프스 이남의 이탈리아와 에스파냐에 머물러 있는 교황청의 영향력을 벗어난 사고를 할 수 있었다.

사제들의 언어인 라틴어가 아니라 대중의 언어인 자국어로 독자적인 종교성을 형성해 나가게 된 대중은 언어의 전환으로 인해 새로운 종교의 틀을 형성할 수 있었다. 자기들의 언어로 형성된 고유한 종교 정체성은 루터의 종교개혁으로 비로소 시작된 것이 아니다. 루터의 종교개혁은 이미 유럽에 다양하게 형성되어 있던 새로운 종교에의 열망이 폭발하는 뇌관을 건드린 것이라고 보는 게 더 정확하다. 그랬기에 일단 촉발된 종교개혁이 유럽 전역에 걷잡을 수 없이 빠르게 확산된 것이다.

모국어로 된 문헌을 읽으면서 함양된 민족의식은 유럽 전역에 잠재적인 제2, 제3의 루터를 키워 내고 있었다. 이 현상은 가톨릭 진영 내부에도 곤혹스러움을 안겼다. 내부 개혁의 목소리에는 루터파 내지 루터의 동조자라는 혐의가 손쉽게 씌워졌다. 중세 내내 공의회를 통해 위로부터의 개혁을 이루고자 애썼던 교황과 교황청은 변하는 시대를 읽고 적응하는 데 처절하게 실패했다.

제5차 라테라노 공의회는 교회란 사람들의 요구에 따라 변화될 성질의 것이 아님을 주장했다. 또한 여전히 자신들의 종교적 틀 속에 사람들을 가둘 수 있다고 생각했다. 우리 역시 비테르보의 자일스의 주장대로, 사람들이 종교 체제를 변화시키는 것이 아니라 종교 체제 속에 순응하고 맞춰 가는 것이 당연하다고 생각한다. 그런데 실제로는 어떻게 되었는가? 변화하는 시대의 틀에 종교가 부응하지 못하자 사람들이 종교의 교리 자체를 바꾸어 버렸다. 비테르보의 자일스가 주장한 것과 정반대의 결과가 유럽에서 생겼다. 그것이 바로 종교개혁이다.

교리 개혁을 통한 종교 체제의 개혁이 일어났다. 결과적으로 루터의 종교개혁으로 가톨릭교회가 고집하던 칠성사나 면벌부 교리 등의 교리 체계가 무너졌다. 교리란 그저 신학이라는 학제에서 논의되는 것만을 의미하지 않는다. 한 시대 속에서 교회의 가르침이 얼마나 정합성을 지니는지도 본질적으로 고민해야 하는 신학의 영역이다.

종교개혁의 발생 및 확산은 가톨릭교회로 대표되는 당대 종교가 변화하는 시대를 읽지 못하고, 시대의 요구에 부합되는 종교성을 유지하지 못한 결과였다. 아울러, 사람이 교리에 의해 변화되는 것이 아니라 교리가 사람에 의해 변화될 수 있음을 보여주는 상징적인 사건이다. 그러므로 "종교가 사람을 바꾸는 것이지, 사람이 종교를 변화시킬 수는 없다"는, 지극히 상식적으로 보이는 이 언설은 당대의 잠든 교회를 대변하는 상징과도 같은 문구가 되었다. 그래서 과격하게 보일지 모르나 종교가 제 역할을 못 할 때 사람들은 그 종교의 틀을 바꿀 수 있으며, 바꾸어야 한다는 것이다.

오늘 우리에게 교리나 종교는 사람을 변화시킬 힘을 보여 주고 있는가? 아니면 사람들이 교리를 변화시켜야 하는 상황을 마주하고 있는가?

시대 속에서 작동하지 못하는 교리, 교회, 신학교

종교개혁이라는 한 시대의 격변의 출발점을 1517년 10월 마지막 날 비텐베르크의 루터가 아니라 그보다 7개월 앞서 마무리된 제5차 라테라노 공의회로 본다면, 종교개혁을 이해하는, 조금은 다른 관점을 맛볼 수 있다. 교황 율리우스 2세와 레오 10세로 대표되는 당대의 가톨릭은 스스로 변화를 추구할 의지를 상실했다. 전사 교황으로 불리며 정치적 세력 확대를 꿈꾸던 교황이나 르네상스의 전성기를 꿈꾸며 성 베드로 대성당 건축을 위해 자본가와 손잡고 면벌부를 판매하던 교황의 모습 속에 사사화된 교회의 전형을 볼 수 있다. 세속적 영향력의 확대가 최고의 미덕이 되어 버린 그들에게서는 어떠한 형태의 종교적 감화도 볼 수 없다. 교황이나 추기경이라는 성직자의 자리가 가족 기업 경영을 효율적으로 하기 위한 수단이 되어 버렸기 때문이다. 그럼에도 교황은 여전히 교황의 가르침이 모든 것에 우선하며 가톨릭교회 밖에는 구원이 없다는 언설만을 반복할 뿐이었다. 그것은 종교가 두려움을 심어 복종하게 하는 공포 마케팅에 다를 바 없다.

구원이란 제도 교회의 약속으로 성취될 것이 아니라 오직 그리스도의 은총을 통해 얻을 수 있는 신비라고 루터가 주장했을 때, 그는 당대와 호흡하지 못하던 가톨릭교회 교리 체계의 핵심을 건드린 것이다. 결코 교회의 가르침 밖에서는 길을 찾을 수 없을 것 같던 이들이 스스로 성서를 묵상하고 그리스도에게 나아감으로써 신의 은총을 체험하는 전혀 새로운 '종교'를 만들어 냈다.

시대 속에서 작동하지 못하는 교리와 교의학은 그 자체로 사람을 변화시킬 능력이 없다. 고루한 상아탑 안에서 벌어지는 알량한 신학 담론 그 이상도 이하도 아닐 수 있다. 루터의 개혁은 바로 그 작동하지 않는 체제를 깨뜨린다.

오늘 한국 교회는 어떤가? 대형 교회와 주류 신학교로 대표되는 한국 기독교는 부와 권력을 대물림하는 가족 기업과 같이 되었다. 정의가 사라진 교회에 문제 제기를 하면 '칭의론'에 대한 이해가 잘못되었다고 전통적인 교리의 가치를 들이대며 반발하는 씁쓸한 현실이다. 과연 그들이 주장하는 교리가 진정 사람들을 변화시킬 수 있을까? 아니면, 그들의 시효가 다했으니 사람들이 그 체제에 대한 근본적인 문제 제기를 해야 할 시기가 된 건 아닐까?

교회가 시대를 변화시키지 못한다면 사람이 교리의 틀을 바꾸어야 한다. 전통적인 이신칭의 교리에서 한 발짝도 나아가지 못하는 이들에게는 한없이 불경스럽게 들리겠지만, 이것이야말로 루터의 종교개혁이 우리에게 주는 뜻밖의 담백한 결론이다.

11

트리엔트 공의회

'새로운 종교'를 만들다

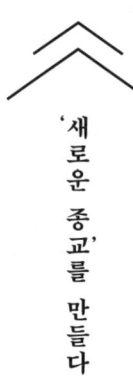

'새로운 종교'를 만들다

종교개혁 다시 보기

제5차 라테라노 공의회가 종료되고 몇 개월 후 마르틴 루터의 95개조 반박문이 게시되고 곧 유럽은 종교개혁이라는 소용돌이 속으로 빠져들었다. 지금까지 공의회 역사에서 살펴본 것처럼, 14세기 초 교황청의 아비뇽 유수 이래, 가톨릭교회는 여러 차례 분열을 경험했다. 대립 교황이 세워진 사례도 여러 차례 있었고 그런 사건을 겪을 때마다 교황의 권위는 한 풀씩 꺾여 갔다. 루터의 종교개혁과 이후 일련의 프로테스탄트 교회의 등장은 이러한 흐름의 연장선에서 볼 수 있다.

우리는 대개 루터로부터 시작된 종교개혁과 가톨릭의 개

혁 움직임을 별개로 보아 왔다. 이 시각은 프로테스탄트 종교개혁이 완성된 이후에 되짚어서 그 흐름을 개괄하다 보니 불가피하게 형성된 것이다. 아마도 당대의 루터파 교회나 가톨릭교회, 혹은 유럽을 지배하던 세력인 신성로마제국 황제나 프랑스 국왕의 인식은 오늘 우리의 인식과 같지 않았을 것이다.

프로테스탄트 진영에서는 트리엔트 공의회로 대표되는 가톨릭의 종교개혁을 오랫동안 반동종교개혁Counter Reformation이라는 틀 안에서 이해하려고 했다. 가톨릭 교황은 교회 개혁에 대한 인식과 의지가 없었다가 루터의 종교개혁 때문에 대응적·수동적으로 개혁에 나섰다는 시각이다. 그런데 이제 종교개혁사 연구에서는 가톨릭교회의 개혁을 이 틀에서 바라보려 하지 않는다. 오히려 가톨릭교회 내부에서 꾸준하게 (물론 결과적으로는 불충분했지만) 개혁에 대한 열망과 요구들이 지속적으로 나오고 있었다는 것이다.

프로테스탄트 쪽에서 보기에는 가톨릭교회 관점이고 평가할 만한 이 견해가 지금은 종교개혁사 연구에서 주된 흐름을 형성하고 있다. 만약 우리가 루터의 종교개혁과 트리엔트 공의회를 서로 전혀 별개 사안이 아니라 교회 개혁이라는 명제를 두고 벌어진 일련의 흐름 속에 놓는다면, 종교개혁이 시작된 1517년과 트리엔트 공의회가 마무리된 1563년 사이의 40여 년을 같이 엮어서 바라볼 수 있을 것이다.[1]

그 전제는 루터나 혹은 루터파로 대표되는 프로테스탄트

진영이 처음부터 가톨릭과 완전한 결별을 의도하지는 않았다는 것이다. 교회가 나뉜 역사를 이미 알고 있는 우리는 각 종파의 정당성을 부여하기 위해 역사를 종파적 시각으로 해석한다. 그러나 종교개혁이라고 부르는 이 사건이 단순한 종교 문제를 넘어 유럽의 정치 지형 안에서 이해해야 할 정치적 성격이 크다.

카를 5세를 중심으로 종교개혁 읽기

종교로 인한 유럽의 분열 상황에 가장 민감하게 반응한 이는 당시 유럽의 실권자인 신성로마제국 황제 카를 5세(1500-1558)였다. 그 때문에 종교개혁기의 가톨릭과 프로테스탄트 양편에 실질적인 영향력을 주도적으로 행사하고 문제 해결을 시도한 이는 교황도, 루터도 아닌 바로 카를 5세였다. 종교개혁은 신성로마제국의 다수를 차지하는 독일 제후들이 루터를 지원하면서 시작되었고 확산되었다. 황제는 제국 내부로 확산되는 프로테스탄트를 저지해야 하는 동시에, 교황에게 압력을 가해 교회 분열의 문제를 해결하도록 종용했다.[2] 이 상황은 한 세기 전 서방교회 대분열로 세 명의 교황이 생긴 상황에서 당시 아비뇽 교황 요한네스 23세를 설득해 콘스탄츠 공의회를 개최하도록 했던 황제 지기스문트의 상황과 매우 유사했다.

신성로마제국 황제가 제국 내부의 문제를 무력으로 해결

할 수 없었던 결정적인 한 가지 변수는 발칸반도를 점령하고 서유럽의 목전까지 치고 들어온 이슬람의 서진西進이었다. 1529년에는 술탄 술레이만(1494-1566)이 이끄는 오스만제국이 신성로마제국 수도 빈을 포위하자, 합스부르크 왕조는 술레이만과 평화협정을 맺어야 했다. 카를 5세가 제국 내부의 프로테스탄트 문제를 해결하기 위해 군사적인 도모만을 할 경우, 제국은 불가피하게 내전에 휩싸이고 외부의 적인 오스만제국의 위협 앞에 더 크게 노출될 수밖에 없었을 것이다.

황제는 1521년 보름스 제국의회에서 마르틴 루터를 단죄하지만, 그 뒤로도 루터를 보호하고 지지하는 제후들과 제국의회를 통해 평화적인 해결을 모색한다. 제국의 분열은 곧 제국의 약화와 이슬람의 공세 앞에 무력해질 위험을 의미했기 때문이다.[3]

1530년 시작된 아우크스부르크 제국의회를 통해 황제는 가톨릭과 프로테스탄트 사이의 화해와 일치를 촉구했다. 요한 에크Johann Eck와 멜란히톤Philipp Melanchthon이 각 세력을 대표해 협상에 참여한 이 회의에서는 신학적 견해들에 대한 최대한의 일치를 이루기 위해 우호적인 태도를 취했다. 1530년 루터의 동지인 필리프 멜란히톤이 프로테스탄트 진영을 대표해 〈아우크스부르크 신앙고백Confessio Augustana〉을 작성해 낭독했다. 루터교회의 교의를 담으면서도 직접적으로 교황을 비난하지 않아 타협의 여지를 남겨 두었다.

이에 맞서 가톨릭 진영에서는 〈아우크스부르크 신앙고백

의 반박서*Confutatio Confessionis Augustanae*〉를 작성했다. 이로써 양 진영은 상호 논의할 쟁점을 좁혀 나갔다. 누구보다 황제가 이 협상을 적극적으로 지원했다. 남은 교리적 쟁점은 평신도에게 포도주를 나눠 주는 성혈배령의 허용, 사제의 결혼과 수도서원, 제후들이 몰수한 교회 재산의 반환 및 미사의 제사적 성격에 대한 논의였다. 미사에서 평신도에게 포도주를 나눠 주는 것과 사제의 결혼 허용에 대한 논의는 루터파의 의견 개진 전에 이미 가톨릭교회 내에서도 오랜 기간 논의된 것이었기에 수용 가능한 것이었다.[4]

대부분의 협상이 그러하듯이 일선 실무진보다 뒤에서 조종하는 세력의 영향력이 크다면 실무 협상은 순조로울 수 없다. 가톨릭교회의 몇 가지 양보는 있었지만, 루터는 교황제 폐지가 전제되지 않은 협상에는 반대하는 입장이었다. 결국 이 제국의회는 공의회 개최의 필요성을 더욱 상기시켰다.

그러나 트리엔트 공의회가 열리기까지는 그로부터 15년의 세월이 더 걸린다. 1545년 트리엔트 공의회가 개최되지만, 황제는 신성로마제국의 문제는 내부적으로 해결하고자 제국의회를 압박한다. 우선 제국의회 내에서 잠정안을 마련해 그 규정을 공의회에서 통과시키기로 한 것이다. 1547년 이른바 '무장 제국의회'에서 마련된 잠정안interim에서는 평신도 성혈배령과 사제의 결혼을 허용한다. 이 잠정안은 가톨릭과 프로테스탄트 진영 모두를 만족시키지 못해 분쟁이 발생한다. 이 분쟁은 1555년 9월 아우크스부르크 평화협정Peace of Augsburg 체결로 마무리되었다.[5]

○ 공의회 역사를 걷다

루터파와 가톨릭교회 사이에 평화 가능성을 의논하는 아우크스부르크 제국의회는 신성로마제국의 카를 5세의 주도로 열렸다.

이 협정으로 유럽에서 최초로 루터파가 종교의 자유를 얻게 되었다. "제후의 종교가 그 지역의 종교 cuius regio, eius religio"라는 명제가 이 협정을 상징한다. 유럽 본토에서 가톨릭교회 외의 교회가 국가로부터 공식적으로 인정받은 것이다. 이 협정으로 개인이 국가의 신앙과 다른 신앙을 추종할 경우 이주할 수 있는 권리를 부여했다는 점도 의미가 있다. 평화협정의 결론에서 정작 중요한 것은 가톨릭과 루터파의 화해가 아니라 루터파의 존재를 합법화함으로써 제국 내 종교가 공식적으로 나뉘게 되었다는 점이다. 그리고 그 결론을 이끈 주체가 다름 아닌 제국 황제였다는 것이다.[6]

따져 보면 가톨릭 외의 종교가 유럽에서 인정된 최초의 사례는 아니다. 유럽 본토가 아닌 잉글랜드에서 1534년 수장령의 선포로 국교회가 성립된 선례가 있기 때문이다. 이 두 가지 사례는 커지는 세속 군주들의 세력 앞에서 결국 교황이 속수무책일 수밖에 없다는 사실을 보여 주었다. 잉글랜드의 국교회 성립도 아우구스부르크 평화협정도 이런 기울어진 상황 속에서 생겨난 것이다.

카를 5세와 공의회 개최

트리엔트 공의회는 이런 배경 위에서 접근해야 그 개최와 진행, 결정 사항들에 대한 그림이 비로소 맞춰진다. 중세 말부터

루터의 종교개혁 이후 '위로부터의 개혁'으로 가톨릭을 재건한 트리엔트 공의회 모습

이어진 교회 개혁에 대한 응답이 적절하지 않았기 때문에 결국 가톨릭교회는 영구 분열되었다. 단순히 루터파만의 문제가 아니라 제국 황제와 세속 군주들과의 관계에서 혼란을 겪어야 했던 가톨릭교회는 루터의 종교개혁 문제를 해결하기 위해 공의회를 소집할 기회를 놓쳤다. 종교개혁을 시작한 이듬해 이미 루터는 공의회를 통해 개혁 안건을 다루자고 요청했다. 1521년 보름스 제국의회에서도 루터의 문제 제기는 공의회에서 해결해야 한다는 입장이었다.

그러나 교황 입장에서는 공의회 개최가 이미 앞선 세기에 제기되었던 공의회 우위설을 다시금 떠올리게 한다는 점에서 여간 부담스러운 일이 아니었다. 세속 권력의 각축장에 교황령을 지키는 세속 군주로서의 위상, 르네상스 후원을 통해 이탈리아에서 영향력을 확대하려는 시도 등은 전 유럽의 종교적 수장으로서 교황의 정체성을 흐리게 한 것이다.

콘스탄츠 공의회로 교회 대분열이 끝나고 교황청이 다시 로마에 자리 잡은 후 르네상스 교황기의 교황들은 남부 유럽에서 교황의 정치력 확대를 위해 골몰했다. 그러나 1527년 카를 5세 휘하의 신성로마제국군이 클레멘스 7세 교황이 재위하던 로마로 진군해 무자비하게 약탈하고 살육한, 이른바 '로마의 약탈Sack of Rome'은 유럽의 무게추가 이미 확연히 기울었음을 보여 주는 사건이었다.

카를 5세는 가톨릭을 적극 옹호하는 가톨릭 황제였다. 그런 그가 가톨릭의 본거지인 로마를 침공해 교황의 거처인 라테라노 궁전을 병사들의 숙소와 마구간으로 사용한 일은 역사에서 유례를 찾아볼 수 없는 굴욕적인 사건이다. 이제 유럽사에서 교황과 가톨릭이 하나라는 등식은 사라졌다. 이 굴욕의 당사자인 교황 클레멘스 7세는 황제의 요구 사항인 공의회 개최를 약속한다. 그러나 그럴 경우 교황권이 세속 권력과 공의회주의에 예속되는 결과를 낳을 것이라는 우려 때문에 적극적으로 응하지는 않았다.

공의회가 빠르게 열리지 못한 데는 유럽의 헤게모니를 놓고 쟁탈을 벌이던 신성로마제국 황제 카를 5세와 프랑스 왕 프랑수아 1세의 갈등도 한몫했다. 1545년 일련의 '이탈리아 전쟁'에서 프랑스에 승리한 카를 5세는 1544년 크레피 조약 Treaty of Crépy을 체결하고 공의회 개최에 동의하도록 압박한다. 그래서 1545년, 지금은 이탈리아에 속한 지역이지만 당시에는 신성로마제국에 속했던 트리엔트에서 공의회가 개최된다.

트리엔트 공의회: 신구교 분열 확정, 위로부터의 개혁

유럽의 군주들이 이탈리아반도에서 벌인 전쟁과 로마의 약탈을 경험하며, 교황 파울로스 3세(1534-1549 재위)는 공의회를 통한 교회 개혁에 대한 생각을 발전시킬 수 있었다. 로마 약탈 후 얼마 지나지 않은 때에 교황이 된 그는 유럽에서 프로테스탄트의 대두 앞에서 교회를 지키는 것이 급선무였다. 카를 5세의 압박으로 우여곡절 끝에 개최되긴 했지만, 결과적으로 트리엔트 공의회는 예상치 못한 큰 결과를 낳았다.

1545년 12월 13일 개회식은 의결권을 가진 참가자가 겨우 31명 참가한 소규모 공의회였다. 공의회 시작부터 황제와 교황 사이에 긴장이 있었다. 황제는 프로테스탄트와의 일치를 목적으로 한 반면, 교황은 프로테스탄트의 도전 앞에서 가톨릭 교리를 재확인하는 것이 핵심이었다. 이미 첫 번째 회기(1545-1548)부터 공의회는 루터의 '오직 성서' 주장에 반해 성서와 더불어 전통을 신앙의 원천으로 받아들이는 결정을 내린다. 이는 사실 황제가 원하는 결정은 아니었다. 교황은 트리엔트에서 발생한 전염병을 핑계로 회기를 중단하고 공의회를 중단한다. 황제는 로마 침공을 압박하며 위협하지만 교황이 사망해 버린다.[7]

2년 후 신임 교황 율리우스 3세(1550-1555 재위)가 주재한 두 번째 회기(1551-1552)가 열린다. 1회기에 참여하지 않았던 프로테스탄트 진영이 두 번째 회기에는 참여한다. 카를 5세가 가톨릭과 프로테스탄트 사이에 화해할 수 있는 여지를 기약한 것이다. 그러나 프로테스탄트 신학자들은 공의회 우위설을 주장하며 교황이 주재하는 회의를 거부했고, 더 이상 논의는 진척되지 못했다. 결과적으로 프로테스탄트와 가톨릭이 마주 앉은 마지막 회기가 되었다. 이제 황제 역시 현실을 받아들였다. 1555년 아우크스부르크 평화협정은 이 현실을 인정한 데서 나온 결과물이다.

교황 피우스 4세(1559-1565 재위)의 주재하에 1562-1563년 열린 제3차 회기는 전통적인 가톨릭교회의 핵심 교리인 칠성사를 다시 확정한다. 트리엔트 공의회는 루터와 프로테스탄트 진영이 제기한 새로운 교리에 대한 수용을 전면 거부하고, 제4차 라테라노 공의회 이후 형성된 가톨릭 교의들을 재확인한다. 가톨릭의 성찬 교리인 화체설뿐 아니라, 성찬식에서 평신도에게 포도주를 나눠 주는 후스파와 루터파 등 프로테스탄트의 관행을 거부한다. 프로테스탄트 지역에서 인정되던 사제의 혼인 역시 트리엔트 공의회에서는 수용되지 않는다. 심지어 종교개혁의 도화선이 된 면벌부 교리 역시 현금으로 매매하는 것을 금지했을 뿐 교리 자체는 폐기되지 않았다. 결과만 놓고 보면 연옥 교리도 인정하고, 성인 공경이나 성물이나 성화상 사용에 대한 관행도 원칙적으로 유지되었다.[8]

　　내용을 요약하면, 여전히 성직자와 평신도의 위계는 명확하게 차별이 있었다. 성찬 시 빵과 포도주를 모두 평신도들에게 주는 양종 성찬이 거부되고, 성직자의 혼인 역시 거부되었다. 이 두 가지는 이전 아우크스부르크 제국의회에서 양측이 어느 정도 합의에 이르렀는데도 말이다. 가톨릭 진영에서는 전통적인 종교의 위계를 유지하기로 선택하는 대신, 사제의 독신을 다시 결정한다. 아울러 수 세기 동안 관행적으로 용인되던 성직자의 축첩이 엄격하게 금지된다. 트리엔트 공의회는 전통의 교리를 재확인하는 동시에 교회의 제도적 개혁을 통해 사제권의 오남용을 막고 사제의 도덕과 윤리를 개혁하는 선택을 한 것이다. 이런 결정은 이전의 가톨릭 공의회와 유사하게 위로부터 시도하는 개혁이었다.[9]

　　1563년에 열린 최종 회기에는 200명 이상의 추기경, 주교와 수도원장들이 참여해 서명했다. 공의회는 결정 사항에 대해 교황의 재가를 요청했고, 1564년 교황 피우스 4세는 교령 *Benedictus Deus*을 반포해 이 결정을 비준한다.

　　신성로마제국 황제 카를 5세가 주도해 기획한 트리엔트 공의회는 황제의 의도와는 무관하게 유럽 교회의 분열을 확정하는 것으로 마무리된다. 제국의 평화와 일치를 추구하는 것이 목적이었다면 카를 5세는 실패했다. 그의 통치하에서 유럽의 종교 지형도는 분열을 확정지었기 때문이다. 그럼에도 가톨릭과 프로테스탄트의 분열의 파열음이 지나치게 커지지 않고 잦아질 수 있었던 것은 그의 공로다. 그는 제국 내에서 프로테스탄트와 협상하면서 그들의 지위를 인정해 주는 한편, 교황과 교섭하면서 공의회를 통해 가톨릭교회가 다시금 안정을 찾아갈 수 있는 장을 열어 주었다. 현실적으로 따져 보면, 트리엔트 공의회의 주역은 교황이 아니라 공의회 소집을 지속적으로 요구한 카를 5세와 가톨릭교회에 피할 수 없는 개혁 의제를 던진 루터였던 셈이다. 카를 5세는 아우크스부르크 평화협정 이듬해인 1556년 퇴위한 이후 에스파냐의 한 수도원에서 말년을 보내다 1558년 사망함으로써 역사의 무대에서 사라진다.

　　루터나 프로테스탄트 개혁에 비해 수동적으로 이루어진

개혁이라고 폄하되던 트리엔트 공의회는 예상외로 큰 성공을 거둔다. 이는 가톨릭교회가 세속 군주들과 각축을 벌이며 넓히고자 했던 세속의 영향력 확대를 포기하고, 가톨릭교회 본연의 가치를 붙들고자 했기 때문이다. 물론, 이러한 교황의 선택은 이미 이탈리아반도 전체가 유럽 세속 군주들의 각축장이 되어 버린 상황에서 불가피한 측면이 있었다. 하지만 교황의 자의에 의한 것이든, 타의에 의한 것이든, 그로써 가톨릭교회는 여전히 가톨릭에 충성하는 유럽인들에게 호응할 수 있는 체제를 만들어 간다.

공의회 이후, 새로운 종교를 만들다

트리엔트 공의회는 변화의 끝이 아니라 시작이었다. 변화는 극적이었고 거대했다. 그 변화는 1215년 제4차 라테라노 공의회에서 대체로 확정된 가톨릭 교리를 전부 재확인한 복고적인 것인 동시에, 변화한 세계 속에서 적극적으로 교회 개혁 어젠다를 실행한 전향적인 것이기도 했다.

이 변화를 이끈 주인공이 교황 피우스 5세(1566-1572 재위)다. 그는 중세와 근대 초기 교황으로는 드물게 성인으로 시성되었으며, 가톨릭 전례 개혁을 이끈 인물이다. 그가 이끈 변화의 핵심은 통일된 가톨릭 미사 형식 제정이었다. 1570년의 《로마미사경본 Missale Romanum》은 1962년 제2차 바티칸 공의회에서 새로운 미사 형식이 제정되어 대체될 때까지 무려 400년 동안 가톨릭교회의 표준 미사로 지켜졌다. 1962년의 미사와 구별하기 위해 구미사 Old Mass라고 불리는 이 트리엔트 미사Tridentine Mass는 전례에서 여러 미신적인 요소를 제거하고 형식을 재조정한 것이었다.[10]

트리엔트 미사는 종교개혁으로 인해 분열된 가톨릭을 하나로 묶는 데 중요한 역할을 했다. 당시 프로테스탄트 교회들이 자국어vernacular 예배를 드린 것과 달리, 트리엔트 미사는 라틴어로만 진행되었다. 몇 가지 특징을 들자면, 사제는 동쪽을 향해 전례를 수행하며 회중은 사제 뒤에 서 있게 된다. 엄격한 지침에 따라 모든 순서를 수행하고, 회중은 미사에서 어떤 중요한 역할도 맡지 않는다. 어느 지역에 가서나 동일한 언어와 형식으로 예배를 드릴 수 있다는 것은 분열된 유럽에서 하나의 가톨릭이라는 정체성을 형성하는 데 매우 중요한 역할을 했다. 이 트리엔트 미사는 유럽의 경계를 넘어 예수회 선교사들을 통해 중남미에도 정착한다.

무엇보다 라틴어와 같은 뿌리를 둔 프랑스, 이탈리아, 스페인, 포르투갈 등 로망스어군 유럽에서 일치를 이루었다. 라틴 기독교의 뿌리가 된 로망어군 유럽이 가톨릭으로 남았다는 것은 변화보다는 전통을 택했다는 것을 보여 준다. 실제로 트리엔트 미사의 도입은 새로운 종교New Tridentine Religion를 만들어 냈다고 평가받을 정도로 가톨릭교회 역사에 항구적인 변화를 가져온다.

이와 달리, 독일어와 영어, 네덜란드어, 덴마크어, 스웨덴어 같은 게르만어파에서는 프로테스탄트 교회가 자리를 잡았다.

무척 흥미로운 대조다. 게르만어파 지역에서는 1360년대 체코어 성서번역, 1380년대 위클리프 성서번역 등 중세 말기부터 성서번역이 이루어졌다. 루터도 1522년 그리스어 신약성서를 독일어로 번역했다. 1526년에는 안트베르펜에서 네덜란드어 성서번역이 이루어졌다. 이런 점에서 성서는 새로운 종교성을 상징하는 반면, 전례는 전통을 대표한다고 할 수 있다.

결국 트리엔트 공의회를 기점으로 교황은 가톨릭에 우호적이던 나머지 유럽 국가들을 자신의 우산 아래 하나로 묶는 데 성공한다. 그리고 1560년대에 형성된 종교적·정치적 지형에서 보면 가톨릭은 수세에 몰려 있었다. 하지만 그 후 100년 가까이 이어진 종교전쟁confessional wars 속에서 가톨릭은 효과적으로 반등했다. '30년 전쟁'(1618-1648) 후에 맺어진 1648년의 베스트팔렌 조약 결과, 유럽의 모든 프로테스탄트 국가의 영토보다 가톨릭 국가의 영토가 더 넓었다.

트리엔트 공의회는 다음 공의회인 제1차 바티칸 공의회까지 300년 동안 공의회가 없었을 정도로 가톨릭교회에서 안정적이고 항구적인 변화를 이뤄 냈다. 종교의 핵심이라고 할 수 있는 예배 형식은 1962년 제2차 바티칸 공의회가 자국어 미사를 허용하는 것으로 미사 형식을 개혁할 때까지 400년간이나 유지되었다.

이렇게 된 데에는 여러 가지 이유가 있겠지만, 교황이 더 이상 유럽 세속 군주의 위상을 추구하지 않고 종교개혁에 집중했다는 데 있다. 이 글에서 다루지는 않았지만, 이 가톨릭 종교개혁을 가능하게 한 큰 축은 로욜라의 예수회다. 교황이나 제도 교회가 담보하지 못했던 내적이고 정신적인 개혁과 변화라는 종교성을 그들이 뒷받침했기 때문에 가톨릭은 예기치 않은 부흥기를 맞이하게 된 것이다.

위로부터의 개혁

지금까지 중세에 열린 열두 차례의 공의회를 살펴보았다. 중세의 첫 공의회인 제4차 콘스탄티노플 공의회(869)는 이전의 언어인 그리스어가 아닌, 라틴어를 기반으로 독자적인 정체성을 형성해 가는 라틴 기독교의 등장을 알렸다. 중세의 마지막 공의회인 트리엔트 공의회는 로망어를 기반으로 한 라틴 기독교와 게르만어권의 프로테스탄트 기독교로 나뉘는 변화로 막을 내리는 평행 구조라는 점이 흥미롭다.

중세의 라틴 기독교가 교황이 실질적인 세속의 영향력을 확대하면서 형성된 반면, 중세 말의 분화는 자의건 아니건 교황이 세속 군주의 정체성을 벗어 버리고 교회 개혁과 실천이라는 종교적 영향력을 확대하면서 이루어졌다. 중세 초 변화를 견인한 것은 베네딕토 수도회였고, 중세 말에 새로운 흐름을 주도한 것은 예수회라는 점도 주목할 만하다.

중세 가톨릭 공의회를 규정하는 일관되고도 핵심적인 문

구가 바로 위로부터 아래로 이루어지는 하향식 개혁이다. 루터의 종교개혁은 가톨릭의 위로부터의 개혁이 실패함으로써 비롯되었으며, 종교개혁 이후 가톨릭의 재건은 위로부터의 개혁이 효과를 거두었음을 보여 준다. 그 결과 프로테스탄트만이 아니라, 가톨릭 또한 이전과는 다른 새로운 종교를 만들었다.

      그 어느 때보다 한국 교회 개혁에 대한 요구가 거세지만, 대부분은 개혁의 실현에 비관적이다. 개교회가 중심인 프로테스탄트 교회는 가톨릭과 같은 위로부터의 개혁을 시도할 주체가 없기 때문이다. 그러나 수가 많기는 하지만, 각 교단에 아래로부터의 지속적인 개혁 요구를 효과적으로 할 수 있다면 위로부터의 개혁이 불가능한 일은 아니다. 교단 총회를 불신한 결과, '위로부터의 개악'이 지속적이고 일관되게 이어지고 있기 때문이다. 종교개혁을 바라보는 조금은 다른 시각이긴 하지만, 루터와 같은 아래로부터의 개혁 움직임과 요구는 결국 위로부터의 개혁을 이루어 냈다는 사실을 트리엔트 공의회는 보여 준다.

12

제1차 바티칸 공의회

근대 세계의 고통 앞에서 천상의 신비를 논하다

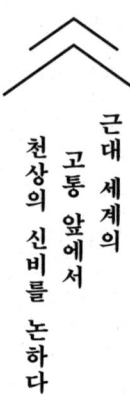

근대 세계의
고통 앞에서
천상의 신비를 논하다

돌이킬 수 없는 운명

루터의 종교개혁에 대응하고 가톨릭교회를 개혁하기 위해 모였던 트리엔트 공의회(1545-1563)가 끝난 지 300년 만에 가톨릭교회는 다시 공의회를 열었다. 서구 근대 세계의 출현 후 열린 첫 공의회인 제1차 바티칸 공의회다. 그리고 제1차 바티칸 공의회가 끝나고 채 100년이 되기 전에 제2차 바티칸 공의회가 열린다.

로마 바티칸 궁전에서 개최된 이 두 공의회는 변화하는 근대 세계의 도전에 가톨릭교회가 전혀 다른 대응 방식을 보여 주었다. 따라서 이 두 공의회를 서로 대비해 가며 고찰한다면, 교회가 사회와 상호작용하는 방식을 의미 있게 성찰할 수 있다. 넓게 말해 제1차 바티칸 공의회는, (1789년 시작되어 1848년의 '2월 혁명'으로 긴 여정의 막을 내린) 프랑스혁명으로 대표되는 근대 체제에 대한 가톨릭교회의 반응 양식을 보여 주는 것이며, 제2차 바티칸 공의회는 양차대전으로 세기적 혼란에 처한 세계에 가톨릭교회가 응답한 것이라고 할 수 있다.

중세 가톨릭 지배 체제가 무너지고 근대 국민국가가 발전하면서, 종교는 각 국민국가의 정체성을 형성하는 데 적극 활용되었다. 1648년 베스트팔렌조약 체결로 '30년 전쟁'(1618-1648)'이 끝난 후, 유럽의 정치 지형도가 완성되었다. 이 정치 지형도는 각 국가가 신봉하는 종교로 색깔이 확연히 드러났다. 가톨릭을 신봉하는 지역이 다수를 차지하긴 했으나 가톨릭은 이전의 가톨릭이 아니었다. 근대 국민국가들의 세력 다툼 속에 교황령을 보유하고 있던 교황은 정치적인 차원에서만 보자면 군소 국가의 수장과 다를 바 없었다.[1]

급변한 유럽의 정치 지형도에서 교황의 역할이 무엇인지 고민이 깊어질 수밖에 없었다. 더구나 프랑스혁명을 낳았던 계몽주의 세계관의 거센 도전은 근대 세계 속 종교의 의미에 대한 근원적인 질문을 마주하게 했다. 가톨릭의 장녀라고 불리는 프랑스는 중세부터 근대에 이르기까지 로마 이상으로 가톨릭교회의 상징 역할을 해왔다. 프랑스혁명은 제1계급인 가톨릭 성직자들에 대한 시민사회의 도전이었다. 교황은 예수회를 통해 혁명의 위기를 마주한 프랑스 구체제(앙시앵 레짐, ancien régime)를 전폭적으로

지지했다.[2]

혁명은 일어났고 교회는 무너졌다. 유럽의 대표적 대형 교회 건축물 중의 하나였던 프랑스의 클뤼니 수도원은 불타고 그 잔해는 도시 재건에 활용되었다. 프랑스 화가 자크 루이 다비드가 그린 〈나폴레옹 1세의 대관식〉(1808)은 나폴레옹 황제가 직접 아내 조세핀에게 황후의 관을 씌우는 장면을 묘사한다. 그런데 최초 스케치에는 나폴레옹이 오른손으로 관을 들어 자신이 직접 쓰고 그 뒤에 교황 피우스 7세가 두 손을 가지런히 모은 채 앉아 있는 모습이 담겨 있다. 중세에는 교황이 대관식을 하지 않으면 신성로마제국 황제가 될 수 없었다. 그래서 교황과 불화해 대관식을 하지 못해 독일 왕으로만 불린 통치자들이 있었다. 〈나폴레옹 1세의 대관식〉은 교황의 대관 없이도 스스로 황제가 되는 시대가 되었음을 상징적으로 보여 준다. 이제 프랑스혁명이 가져온 변화로 가톨릭교회는 돌이킬 수 없는 운명을 맞이한 듯하다.

근대 세계의 위기에 직면한 가톨릭교회

근대 세계 속에서 가톨릭교회가 맞닥뜨린 시험은 두 가지 층위로 나누어 볼 수 있다. 하나는 유럽의 정치제도로서 가톨릭교회가 처한 위기이며, 다른 하나는 근대 세계 속에서 종교의 기능과 역할에 대한 근원적인 물음이다.

○ 공의회 역사를 걷다

자크 루이 다비드가 그린 〈나폴레옹 1세의 대관식〉 속에 표현된 피우스 7세의 모습. 교황이 관을 씌워 주지 않고도 스스로 황제가 될 수 있는 시대가 되었음을 상징적으로 보여 준다.

가톨릭교회, 땅을 잃어버리다

16세기 종교개혁도 그러했지만, 교황제가 처한 위기는 단순히 교회의 도덕적·윤리적 결함에서 기인하지 않았다. 그보다는 변화하는 유럽의 정치 지형에서 정치제도로서 권력 유지에 실패한 데서 비롯된 것이다. 교황의 정치적 영향력이 줄어들자, 이는 가톨릭교회의 영향력 축소로 이어졌다. 프랑스혁명 전후 교황청이 겪은 변화는 중세 말의 위기와는 근원적으로 차이가 있었다. 교황 피우스 6세(1775-1799 재위)는 혁명정부에 반대하다 프랑스군에 포로로 잡혀 죽을 때까지 프랑스 남부 발랑스에서 감금 생활을 했다. 나폴레옹 황제 대관식 참여를 위해 프랑스에 갔던 후임 교황 피우스 7세 역시 같은 운명을 맞는다. 나폴레옹이 황제로 즉위하면서 교황령을 프랑스에 합병해 버렸고 이에 항의한 교황 역시 나폴레옹 군에 납치, 감금당하는 수모를 겪었다.³

교황이 세속 군주로 통치하고 있던 교황령은 이탈리아 민족 통일과도 밀접하게 관련된 문제였다. 이탈리아는 중세 이래 통일국가를 유지하지 못하고 도시국가들로 분열되었다. 1848년부터 시작된 이탈리아 통일전쟁으로 교황령마저 1870년 이탈리아에 의해 무력 점령당하고, 로마는 이탈리아의 수도가 되었다. 1870년 교황령 상실 이후 교황청과 이탈리아 사이는 불편한 갈등 관계가 지속될 수밖에 없었다. 1929년 이탈리아 통치자 베니토 무솔리니와 교황 비오 11세 사이에 맺은 '라테라노조약'을 통해 현재의 바티칸 시국이 독립국가로 인정되었다. 이로써 교황청은 과거에 보유했던 교황령을 완전하게 포기하고 0.44제곱킬로미터의 땅에 인구 800명 남짓이 사는, 세계에서 가장 작은 나라가 되었다.[4]

한편, 교황령을 상실했다는 것은 다른 의미에서 교황과 가톨릭교회가 진정 추구해야 할 가치가 무엇인지 점검하는 기회이기도 하다. 교회의 존재 의미는 땅을 차지하고 세력을 확보함으로써 생기는 것이 아니라, 땅의 경계를 넘어서는 가치를 추구할 때 나온다는 사실 말이다. 뒤집어 보자면 교황령을 보유하는 것 자체가 교황에게는 정치적·도덕적 딜레마를 끊임없이 유발하는 일이었다. 그러므로 이제 가톨릭교회는 이 땅의 논리, 정치의 논리를 넘어선 가치를 고민할 수 있는 기회를 맞이한 것이다.

대중의 고통 앞에서 종교의 존재 의미

땅을 둘러싼 정치적인 문제 외에 가톨릭교회가 근대 세계에서 마주한 문제는 훨씬 복잡했다. 아마 그 출발은 신비와 초월을 다루는 종교가 근대의 계몽주의와 이성적 사고로부터 받은 도전 때문일 것이다.[5] 그 충격이 엄청난 것이긴 했지만, 그저 종교가 이성과 합리를 넘어서는 가치를 지향했기 때문에 교회의 존립에 위기가 닥친 것만은 아니다.

변하는 시대, 달라진 대중의 기대와 요구 속에서 교회가 어떤 답을 내놓을 수 있느냐가 교회가 안은 또 다른 고민의 핵심이었을 것이다. 이 글이 가톨릭교회 공의회를 다루므로 가톨릭의 대응만을 살펴보겠지만, 실상 이는 당대의 가톨릭과 프로테스탄트 교회가 함께 떠안은 고민이었다. 제1차 바티칸 공의회는 1869년에 개최되었지만 교황청은 이미 1850년대부터 교황이 신조를 선포하는 방식으로 변화하는 시대를 맞는 가톨릭의 지향점을 드러냈다. 이에 따라 공의회는 교황청이 주도하는 변화를 추인하는 방식으로 열렸던 것이다.

그렇다면 당대의 종교가 풀어 갈 핵심 고민은 무엇이었을까? 이를 확인하기 위해서는 유사한 시기 유럽이 경험한 상징적인 변화에서 출발하는 것도 한 방법이다. 인류사에서 프랑스혁명이 일어난 1789년에 비견되는 상징성을 가진 해가 있다. 바로 1848년이다. 그해 카를 마르크스의 《공산당 선언》이 출간되었고, 전 유럽을 혁명의 소용돌이에 빠뜨린 '2월 혁명'이 일어났다. 2월 혁명은 노동자들이 선거권 확대를 요구하며 국왕 루이 필리프의 왕정에 반대해 프랑스 파리에서 일으킨 혁명이다. 2월 혁명의 결과 나폴레옹 1세의 조카 루이 나폴레옹 보나파르트가 대통령에 오르는 제2공화정이 시작되었다. 또 다른 상징적인 해는 찰스 다윈이 《종의 기원》을 출간한 1859년이다. 이 저술을 출판한 후 종교계의 거센 반발과 치열한 논쟁이 이어졌음은 불 보듯 뻔한 일이다. 다윈의 저술은 자연주의와 이성주의에 기반을 둔 당대 과학 발전이 낳은 결과물이었다. 산업혁명과 과학혁명으로 무한한 진보를 약속한 근대 세계의 출현 앞에서 과연 종교의 역할은 무엇이었을까?

다른 한편으로, 인류가 진보를 향한 걸음을 내디딘 근대 세계에서 수혜자는 대중이 아니었다. 마르크스는 1844년 출간한 〈헤겔 법철학 비판 서문〉에서 오늘도 여전히 뼈아프게 들리는 지적을 한다.

> 종교적 고난은 실재하는 고난의 표현인 동시에, 그 실재하는 고난에 대한 저항이기도 하다. 종교는 압제받는 피조물의 한숨이며, 냉혹한 세계의 심장이며, 영혼 없는 처지에 놓인 자들의 영혼이다. 종교는 인민의 아편이다. 사람들에게서 환각적인 행복을 약속하는 종교를 폐지하는 것이 진정한 행복의 조건이다.[6]

이 문맥을 어떻게 읽어야 할지, 그 방식은 다양할 것이다. 그러나 한편으로 이 문장은 근대 세계 속 대중의 상황과 당대 종교가 처한 상황을 가장 잘 표현하는 것이기도 하다. 산업혁명기를 거치면서 대중이 그 혜택을 누리지는 못했다. 오늘날과는 비교할 수 없는 극심한 빈부 격차가 생겨났다. 장 발장이나 올리버 트위스트의 역경에 투영된 것은 산업혁명기 근대의 뒷모습이었다. 기존의 체제를 허무는 혁명이 아니고서는 해결할 수 없을 정도로 모순이 켜켜이 쌓여 가던 시대였다.[7]

이 시기 종교는 어떤 역할을 해야 했을까? 그리고 교회는 어떻게 대응했을까? 마르크스가 보기에, 종교는 압제받는 피조물의 한숨을 받아 주고 심장 없는 냉혹한 세계의 따뜻한 심장이 되어 주며 존재 의미를 상실한 채 영혼 없이 떠도는 이들의 영혼이 되어 주어야 했다. 그러나 실제로는 그저 현실의 고통을 벗어날 감각적이고 환각적인 행복만을 약속하는 아편, 즉 진통제 역할에 머물렀다는 것이다. 종교가 당대 대중의 삶의 자리로 들어가 그들이 겪는 고난을 함께 겪고, 그 고난에 저항하는 자리에 함께 연대하는 저항 종교로서 종교적 고난을 실천하는 모습을 지향하지 못한 것이다. 가톨릭교회가 현실의 위기 앞에서 취한 대응 방식은 종교가 가진 신비 뒤로 숨는 것이었다.

가톨릭교회, 신비 뒤로 숨다

더 이상 잃어버릴 땅이 없다는 것은 정치적으로 자유롭다는 의미이기도 하다. 그렇기에 가톨릭교회에 대한 도덕적인 기대가 커질 수 있었고, 교회의 역할이 중요하게 대두될 수 있었다. 그런데 가톨릭교회가 땅에서 상실한 존재감을 회복하기 위해 취한 정책은 '초월과 신비'라는 종교적 정체성 강화였다.

제1차 바티칸 공의회를 개최한 교황 피우스 9세가 행한 일들은 이러한 경향을 뚜렷하게 보여 준다. 1854년 12월 그는 그리스도를 잉태한 공로를 고려해 성모 마리아가 특별한 은총으로 원죄 없이 태어났다는 '마리아 무염시태설無染始胎說'을 신앙 신조로 선포한다. 물론 마리아가 무흠하게 잉태되었다는 신조를 교황 피우스 9세가 새로 만든 것은 아니다. 그는 종교 교리의 신뢰성에 대한 도전이 제기되는 상황에서 교회의 신비를 강조함으로써 대응하고자 했는데, 이 교리를 반포하기 전에 대다수 주교들은 교리 자체에는 찬성하면서도 반포 시기가 부적절하다는 우려를 표명한다. 그러나 결국 교황은 이 교리를 성대하게 선포한다. 이것은 교회가 현실의 위기에 대응하는 방식의 한 출발점일 뿐이었다.[8]

1864년 교황은 '실라부스 Syllabus Errorum'라는 목록을 작성해, 내용상 오류나 이단적 사상 80가지를 지정한다. 목록에는 범신론, 자연주의, 이성주의, 사회주의, 공산주의 등이 망라되어 있었다. 시대의 변화 앞에서 교회는 반동적인 태도를 명확히 한 것이다. 가톨릭교회 내부에서는 이 목록이 선포될 경우 가져올 후폭풍을 우려하는 목소리가 나왔다.[9]

교황은 아랑곳하지 않았다. 그다음 걸음은 '교황 무류설'을 교리로 채택하는 것이었다. 가톨릭교회에서는 사도 베드로의 후계자로서 교황을 중심으로 교회의 질서가 이어진다는 것은 누구나 동의하는 바였다. 그러나 교황좌에서 교황이 성서나 전통에 부합하게 선포한 교리와 도덕에 관한 결정은 오류가 있을 수 없다는 신조는 내부 논리와는 별개로 당대 유럽사에서 상실된 권위를 회복하려는 현실적인 필요와 깊이 결부된 것이었다.[10]

교황 무류설에 대한 가톨릭 내부의 반발은 더욱 거셌다. 이 역시 시기적으로나 신학적으로 논란을 낳을 여지가 크다는 이유 때문이었다. 그래서 공의회가 소집되었을 때에도 이 안건을 다루지 말아야 한다는 청원이 올라갔다. 근대성에 맞선 교회의 대응 방식, 또는 근대 대중의 요구를 향한 교회의 응답이라고 할 수 있는 이 일련의 조치들은 시대 변화를 읽지 못한 가톨릭의 상황을 보여 준 사례다. 피우스 9세가 집념을 갖고 개최한 제1차 바티칸 공의회는 결과적으로 이 우려를 만천하에 공표한 셈이 되었다.

시대정신에 무감각한 제1차 바티칸 공의회

1869년 12월 8일 개최된 공의회에서 교황 무류설에 관한 안건은 보류된 상황이었다. 그러나 공의회 개최 직후 일련의 지지자들이 이 안건을 다룰 것을 요청하는 서명운동을 벌여 결국 교황 무류설을 검토하는 별도의 위원회가 설치된다. 이듬해 10월 급작스럽게 정회될 때까지 공의회에서 실제 논의하고 결정한 사안은 교황 무류설에 관한 것이 전부라고 해도 지나치지 않을 정도로 중요하게 다루어졌다. 140회에 걸친 지루한 논쟁 속에 중간 표결에서 451명이 찬성했고, 88명이 반대했으며, 62명이 조건부로 찬성했다. 최종 결과는 찬성 533표, 반대 2표로 압도적인 찬성으로 확정되어, 1870년 7월 〈그리스도 교회에 관한 교의헌장 *Pastor aesternus*〉이라는 이름으로 선포되었다. 이 논의 과정에서 줄곧 제기된 반대 의견 역시 이 교리의 반포가 시기적으로 적절하지 않다는 것이었다.

교황 무류설은 이미 피우스 9세가 공의회 개최 이전부터 집착하던 교리였다. 교황 무류설의 교리화에 집착한 이유는 여러

제1차 바티칸 공의회를 주재한 교황 피우스 9세. 시대의 거센 도전 앞에서 가톨릭은 교회의 권위를 지키기 위해 현실과 동떨어진 결정을 내렸다.

가지이겠으나, 도전받는 교회 권위의 위기에 맞서 이 땅의 논리와 이성을 넘어서는 '신적 기관으로서의 가톨릭교회'를 선포하려는 것이었다.

> 만일 로마의 주교가 '교좌로부터*ex cathedra* 말한다면', 즉 로마의 주교가 자신이 지닌 최고의 사도적 권한으로 전체 교회를 다스리고 가르치는 직무를 수행하는 가운데, 전체 교회를 위한 신앙과 도덕에 관한 가르침을 최종 결정한다면, 이 결정은 성 베드로 위에 확약된 신적 조력으로 말미암아 무류성을 가진다infallibilitate. 이는 구세주께서 스스로 자신이 세우신 교회가 신앙과 도덕을 가르침에 있어서 어떠한 그르침이 있음을 관망하길 원하지 않기 때문이다. 따라서 로마 주교의 이런 결정들은 교회의 아무런 동의를 필요로 하지 않는 '그 자체로서*ex sese*' 불변한다irreformabiles esse.[11]

이 논의에는 아쉽게도 시대 속에서 교회의 존재 목적과 지향점이 무엇인지에 관한 고민은 보이지 않았다. 오히려 교황 무류설 교리에 반대할 경우 파문할 것이라는 위협만이 담겨 있었다. 그리고 위협은 실제가 되었다. 최종 표결 이전에 공의회장을 떠나 실제로 반대표를 던지지는 않았지만 독일 가톨릭교회는 교황 무류설 교리 선포에 전반적으로 반대하는 분위기가 강했다. 공의회 이후에도 이 결정을 폐기하고자 하는 시도가 있었고, 그 결과 독일의 여러 대학교 신학부 교수들이 무류설 교리에 복종하지 않아 교회 분열을 야기했다는 이유로 파문되었다.

　　이 교리 선포 이후인 1870년 10월 10일, 공의회가 갑자기 중단되었다. 보불전쟁(1870-1871)이 터져 공의회에 참가하던 대표단들이 귀국해야 했다. 그게 아니더라도 이미 1870년 9월 20일 이탈리아가 로마 교황령을 점령해서 공의회가 지속되기는 어려웠다. 아이러니였다. 하늘이 내려 주는 오류 없는 권세를 교황이 가졌음을 선포했지만, 정작 땅을 내어 주어야 했다.

　　당대의 시대적 맥락에서 교황 무류설이 교회가 고민했어야 할 가장 중요한 숙제인지는 여전히 물음표를 남긴다. 마리아 무염시태설이 나올 때에도, 교황 무류설에 대한 논의가 나올 때에도 신중하게 제기되는 질문들이 있었다. 바로 '시기적으로 적절하지 않다'는 것이었다. 다른 표현으로 하자면, 가톨릭교회는 그 시기가 요구하는 시대정신이 무엇인지에 대해 깊이 고민하지 않았다는 것이다.

　　교황이 마리아 무염시태설을 선포하고, 각종 사조에 대한 오류 목록을 작성하고, 교황좌의 결정은 오류가 없다는 신학을 만드는 시기, 유럽은 혁명과 다윈 사상의 등장 같은 혁신적인 변화의 한가운데에 놓여 있었다. 보불전쟁이 끝난 1871년부터 유럽은 제1차 세계대전 전까지 '벨 에포크 Belle Époque'라는 정치·사회·경제·문화의 번성기를 보낸다. 유럽에서 '아름다운 시절'로 회고되는 이 시기는 아시아와 아프리카로서는 유럽 제국주의의 확장으로 큰 고통을 경험하는 저주의 시기이기도 했다.

고민도, 응답도 못 한 공의회

거칠게 표현하자면, 제1차 바티칸 공의회는 시대가 원하는 고민과 응답을 하지 못한 공의회였다. 다시 두 개의 인용문을 짧게 옮겨 보자.

종교적 고난은 실재하는 고난의 표현인 동시에, 그 실재하는 고난에 대한 저항이기도 하다. 종교는 압제받는 피조물의 한숨이며, 냉혹한 세계의 심장이며, 영혼 없는 처지에 놓인 자들의 영혼이다.

로마의 주교가 자신이 지닌 최고의 사도적 권한으로 … 전체 교회를 위한 신앙과 도덕에 관한 가르침을 최종 결정한다면, 이 결정은 성 베드로 위에 확약된 신적 조력으로 말미암아 무류성을 가진다.

위 두 인용문 중에 과연 어느 쪽이 시대적 고민을 반영하는 것일까? 16세기부터 19세기까지 300여 년 동안 유럽과 전 세계가 거의 모든 영역에서 엄청난 변화를 경험했다는 점을 고려한다면, 제1차 바티칸 공의회의 대처는 이 거대한 변화에 거의 무감각했다고 볼 수밖에 없다. 가톨릭교회의 결정은 마치 가톨릭교회가 절정을 누리던 중세의 어느 시점에 선포된 듯한 착각을 일으

킨다.

교회가 시대 속에서 고난받는 자들과 함께하며, 연대하는 저항 공동체가 되지 않으면 어떻게 될까? 교회는 천상의 신비 뒤로 숨어 세속에 무관심하며 사람들로 하여금 현세가 아닌 추상의 세계에만 몰두하게 만드는 역할 이상을 하지 못하게 된다. 당시 가톨릭교회의 행보는 현재의 고통을 잊게 해 줄 환각제 역할에 만족하겠다는 모습으로밖에는 보이지 않는다. 당대의 사람들과 함께하며 천상의 신비를 이 땅에서 구현하는 저항의 종교가 되었어야 할 가톨릭교회는 이 땅의 문제에 관심을 가지지 않았다. 그 종교 속에 대중은 존재하지 않았다. 결국 가톨릭교회는 시민 종교로 뿌리내리지 못했다. 그 결과, 그들은 전체주의에 가장 충실하게 부역하는 정치 종교로 전락하고 말았다.

제1차 바티칸 공의회에 다소 과하게 보이는 비판을 가한 이유는 제2차 바티칸 공의회에서 이 모든 것을 뒤집는 극적인 전환을 이끌어 내기 때문이다. 비로소 교회가 천상에서 내려와 이 땅의 고난받는 사람들과 함께하는 것이 무엇인지 제2차 바티칸 공의회에서 보여 준다.

탈근대를 살아가는 오늘날도 과학의 발전에 따라 교리적인 의문과 과학과의 정합성 문제가 수없이 제기된다. 그러나 그것이 종교의 존재 의미를 규정하는지는 물음표다. 여전히 신의 형상을 지닌 피조물이 압제받고, 영혼 없는 처지에 놓인 자들이 실재하는 냉혹한 현실에서 교회는 그들의 한숨을 받아 낼 공간이 되어야 한다. 그리고 그들과 함께 저항하며 고난받는 저항 공동체가 되어야 한다. 그렇지 않고 천상에 앉아 신비를 얘기하는 것은 종교를 환각제로 전락시키는 일과 다를 바 없다. 그렇기에 오늘 위기에 처한 한국 교회의 돌파구는 제1차 바티칸 공의회 때의 가톨릭교회를 반면교사로 삼아 이 땅의 고난받는 이들 편에 한 걸음 다가가는 데서 열릴 것이다.

13

제2차 바티칸 공의회

아조르나멘토, 인간의 존엄과 사회의 공동선

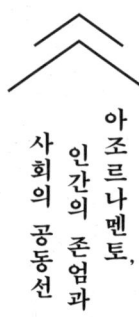

아조르나멘토, 인간의 존엄과 사회의 공동선

근대성의 종말 위에 선 가톨릭교회

1, 2차 세계대전은 무한한 진보를 꿈꾸던 근대 세계의 느닷없는 종말을 고하는 사건이었다. 성찰을 상실한 유럽의 제국주의 확장과 과학기술 발전에 대한 맹신은 결국 인류 역사에 홀로코스트라는 전대미문의 비극을 초래했다. 근대 유럽이 축적한 과학기술은 단기간에 600만 명의 유대인 학살을 조력했고, 전쟁은 원자폭탄의 위력을 맛보고 나서야 멎었다. 포탄으로 잿더미가 된 현실만큼이나 사람들의 마음은 돌이키기 어려운 큰 상처를 입었다. 앞다투어 근대를 성찰하는 흐름들이 생겨났는데, 성찰적 근대성reflexive modernity이라는 명제로 제기되기도 하고,[1] 탈근대 혹은 후기 근대

라는 관념으로 표출되기도 했다.

사람들이 던진 질문은 냉정했다. 이 참상 가운데서 신은 어디에 있었는가? 신의 뜻을 이 땅에서 구현한다는 종교는 과연 무엇을 했는가? 가톨릭과 개신교 모두 피할 수 없는 무거운 질문이었다. 나치 치하에서 독일 루터교회는 히틀러의 아리안 인종주의에 동조한 책임을 피할 수 없었으며, 제2차 세계대전 당시 가톨릭교회의 수장이던 비오 12세(1939-1958 재위, 라틴어식 표기는 피우스 12세)는 나치의 유대인 학살에 침묵했다. 물론 가톨릭교회에서는 비오 12세가 단지 정치적으로 이용당하지 않기 위해 철저히 중립적 입장을 취했으며, 당시 유대인, 전쟁 포로, 난민 등을 돌보는 인도주의를 실천했다고 주장한다.[2]

비오 12세에 대한 시선은 극명하게 갈린다. 교황청을 지키기 위해 이탈리아 파시즘에는 침묵해 놓고, 제2차 세계대전 이후 공산주의에는 신랄하게 공격을 퍼부은 것은 일관성이 없다는 비판이 일었다. 나치에 동조했다는 의혹도 여전히 제기되고 있다. 이와 달리, 전후 도전받는 가톨릭교회를 지켜내고 확장해 나간 인물로 칭송받기도 한다.[3]

비오 12세의 재임 기간은 가톨릭교회가 사회적으로 입은 손실이 어느 때보다 컸던 동시에 외연이 확장된 시기이기도 하다. 일관된 것은 비오 12세는 보수적인 입장에서 교회를 수호하기 위한 목적으로 교황직을 수행했다는 점이다. 그가 볼셰비즘이나 공산주의를 배척했던 이유는 무신론이 유럽 기독교를 무너뜨릴 수 있다는 위기의식 때문이었다.[4] 비오 12세는 세계대전이 끝난 이후 도전받는 교회를 대내적으로 지키기 위해 필사적으로 노력했다. 이탈리아인 일색이던 추기경단에 다양한 인종과 민족 출신을 지명한 것은 보편 교회의 확장에 기여했다.

1943년 반포한 회칙 *mystici corporis*의 제목에서 보듯 그는 신비의 공동체로서의 교회를 지향했다. 비오 12세는 제1차 바티칸공의회 정신의 충실한 계승자였다. 여러 논란에도 불구하고 1950년 성모승천설을 교리로 확정한 데서 그 단면이 보인다. 그의 인식 세계에서 교회는 종교적인 신비를 추구하고 전통을 지키는 곳이다. 이런 철학에 얼마나 충실했던지 교황은 종교적 사무에 전념하고, 정치적인 역할은 교황의 비서였던 파스칼리나 레네르트(1894-1983)라는 수녀에게 맡기는 상황이 되었다(그래서 이 수녀는 '여교황' 파스칼리나로 불렸다). 다소 기형적이라고 볼 여지에도 불구하고, 근대의 끝에서 종교의 전통적 역할을 회복하는 데 충실했던 교황은 큰 존경을 받았다. 그는 오랜 기간 신경쇠약을 앓았지만 강인한 의지로 강론과 전례 등을 통해 대중에게 다가갔다. 그에게 투영된 이미지는 전 세계를 정신적으로 통치하는 전제군주였다.

역사는 그를 구시대의 막차를 탄 인물로 그린다. 왜일까? 근대 이후의 교회, 폭넓게는 종교의 사회적 역할에 대한 논의에서 그의 삶과 행보는 전통적이었다. 인류의 공공선을 무너뜨리는 홀로코스트와 같은 현재의 악 앞에 무력했다. 인간의 존엄이 도전받

구시대의 막차를 탄 교황으로 평가받는 비오 12세. 종교의 전통적 역할을 회복하는 데 충실했다.

고, 압제받는 구조 속에 처한 수많은 이들에게 교회가 줄 수 있는 답이 천상의 복을 제시하는 종교적 위안이라면 그 한계는 뚜렷하다. 사람들이 종교에 던진 근본적인 질문은 그 종교가 '지금, 여기, 내 삶'에 무슨 답을 줄 수 있느냐는 것이다. 당시는 가톨릭교회가 증오해 마지않는 공산주의 국가에서 가해지는 물리적 박해뿐 아니라 가톨릭이 다수를 이루는 중남미 국가들에서 자행되는 국가 폭력과 인권 유린, 그리고 자본주의가 발달하면서 커지는 국가 내의 빈부 격차와 제3세계의 절대 빈곤 문제 등 헤아릴 수 없이 많은 숙제들이 존재했다.

   제1차 바티칸 공의회와 같이 천상의 신비를 지향하는 것만이 교회의 유일한 선택지였을까? 빠른 속도로 변화하는 시대 속에서 교회가 사람들에게 여전히 유의미한 지대로 유지되기에는 역부족이었다. 이에 대한 문제의식은 전후 다수 가톨릭 신학자들의 통찰 속에서 제기되었다. 프랑스 신학자이자 도미니크회 신부였던 이브 콩가르(1904-1995)는 계급과 같은 성직주의의 틀 속에 갇힌 교회에 이른바 '평신도 사도직'이라는 개념을 제기했다.[5] 중세 말 루터의 만인제사장설이 20세기 가톨릭 신학자의 입에서 나온 것이다. 독일 예수회 신부 카를 라너(1904-1984)는 초월적인 신의 신비는 바로 이 땅의 모든 사람 속에 구현되어 있다고 주장했다. 그는 가톨릭교회라는 제도의 바깥 사람들에게도 신의 은총은 보편적으로 열려 있다는 의미에서 '익명의 그리스도인'이라는 개념을 사용했다.[6] 이 땅에서 유일한 구원의 담지체로서 가톨릭교회의 권위를 스스로 상대화한 것이다. 콩가르나 라너의 사상은 사람들로부터 큰 공감과 찬사를 받았지만, 이와 동시에 가톨릭교회로부터는 전통과 정체성을 위협하는 사상으로 치부되어 비판받았다.

아조르나멘토: 교회, 세상 속으로

세계대전과 그 후 격동의 시기 20년을 교황으로 재위했던 비오 12세가 1958년 세상을 떠났다. 교회 대내외적으로 위기가 직감되었다. 추기경단에서는 76세의 안젤로 론칼리 추기경을 후임으로 선출했다. 이전의 교황들처럼 이탈리아 출신의 이 추기경은 귀족적이었던 전임 교황과는 달리 서민적이고 소박했다. 동유럽 교황 사절로 활동하면서 동방교회에 대한 이해가 깊었다는 것과 전쟁 포로와 노동자, 고아들을 위한 사목 활동에 헌신했다는 점이 특징이었다. 그래서인지 그가 교황으로 선출되었을 때 사람들은 그를 '선한 교황*il papa buono*'이라고 친근하게 불렀다. 11차례의 투표 끝에 추기경단이 고령의 교황을 선택했다는 것은 가톨릭교회가 마주한 전환기에 임시적인 목자의 역할만을 기대했음을 의미한다. 요한 23세로 불린 그의 재위 기간은 채 5년이 되지 않았다.[7]

이 짧은 기간 동안 재위한 교황 요한 23세는 모두의 예상을 깨고 향후 가톨릭교회의 방향을 바꾸는 일을 벌인다. 교황직에 오른 지 3개월 만에 전격적으로 공의회를 소집하겠다고 선언한 것이다.[8] 어느 누구도 예상하지 못했으며, 그 필요성도 진지하게 제기되지 않던 때였다. 어쩌면 그의 도발적인 시도는 교황 이름을 '요한'으로 정했을 때 예견되었는지 모른다. 요한(라틴어로 요한네스)이라는 이름이 붙은 교황은 20명 이상 있었지만, 마지막 요한 23세(1410-1415 재위)는 3인의 교황이 난립한 교회 대분열 시기에 불명예스럽게 교황직에서 폐위되어 정통성을 인정받지 못한 인물이다. 그 후 500년 이상 어느 누구도 요한이라는 이름을 쓰지 않았다. 그런데도 76세의 신임 교황은 역사에서 오명으로 기억되는 요한네스 23세라는 명칭을 마다하지 않을 정도로 소신이 뚜렷했다.

교회는 변화하는 '오늘 여기'의 현장에 적응하고 그 속에서 살아내는 이 땅의 신비를 지향하는 공동체여야 한다는 생각을 품고 있었던 그는, 교황직에 오른 직후 코페르니쿠스적 전환을 시도한다. 교회의 지향에 대한 요한 23세의 철학은 공의회 모토인 '아조르나멘토 aggiornamento'에 들어 있다. 문자적으로 현대화 modernization 또는 '현시대에 대한 적응'이라는 의미의 이 단어는 교회가 사회에 어떻게 적응하고 유의미한 상호작용을 할지에 대한 고민을 담고 있다. 이 땅에 거하지만 속하지는 않은 천상의 신비체라는 입장을 포기하고, 이 땅에 터 내리고 있는 공동체로서 이 세상의 변화에 보조를 맞추어야 한다는 고백이기도 하다. 이 땅의 공동체로서 세상에 대한 관심은 자연스럽게 교회의 사회참여라는 방향으로 이어진다.

이는 한 세기 전 열렸던 제1차 바티칸 공의회의 정신과 비교할 때 혁명적인 전환이다. 제1차 바티칸 공의회에서 가톨릭교회는 근대가 낳은 자연주의, 이성주의, 사회주의, 혁명 등 모든 사조에 대해 장벽을 쌓는 선택을 했다. 그리고 가톨릭교회는 천상의 신비 뒤로 숨어 버렸다. 교황 무류설 교리 선포는 그 핵심이었다. 여전히 세상 속에서 교회는 중심이어야 하고, 위에서 내려다보며 세상을 다스려야 한다는 의식이 제1차 바티칸 공의회의 정신이었다. 제도 교회는 변화하는 근대를 읽지 못했고, 근대가 브레이크 없는 기관차처럼 폭주할 때 제어할 힘이 없었다. 그로 인해 고통당하는 인류에게 아무런 답을 제시해 주지 못했다.

반면, 제2차 바티칸 공의회에서 가톨릭교회는 하늘에서 내려와 세상 속으로 걸어 들어가는 선택을 했다. 그렇다고 근대성에 대한 무조건적 수용과 적응은 아니었다. 그런 점에서 '아조르나멘토'는 먼저, 근대사회를 읽어 가겠다는 의지다. 더 나아가 종교가 그 근대성에 대해 성찰할 수 있는 지점을 마련하겠다는 것이다. 근대가 생성한 여러 제도와 기제들은 시대의 철학이 낳은 산물이다. 각각은 고유한 쓰임새와 역할이 있다. 동시에 그 역할에 대해 반성적으로 돌아보지 않을 때 모든 제도는 억압적으로 오용될 수 있다. 그러므로 시스템이 정교해질수록 그 시스템을 다루는 개인이나 집단은 더욱 깊은 성찰력을 갖추어야 한다. 성찰적으로 근대를 조망한다는 것은 기본적으로 근대를 형성한 인간과 사회집단에 대한 신뢰를 전제로 한다.

양차대전으로 드러난 사실은, 세계가, 아니 더 꼬집어서는 유럽의 근대가 성찰 지점을 놓쳐 버리고 무한한 확장과 진보의 환상에 매몰되어 있었다는 점이다. 그 과정에서 주체가 되어야 할 인간은 객체가 되었으며, 식민주의와 인종주의 속에서 인간의 존엄이 극단의 압제하에 놓이게 되었다. 이 사회구조를 읽고, 그 모순을 지적하고, 전환을 촉구하는 일에 개인과 집단의 역할도 부정할 수는 없으나, 무엇보다 인간 본연의 존엄과 가치에 천착하는 종교의 역할을 외면할 수는 없다. 그렇기에 근대성의 파국 이후 불확실성과 혼돈이 지배하는 세계에서 종교는 더 사회 속으로 깊이 들어가서 사회구조의 성찰점들을 짚어 주어야 한다. 이러한 사회참여는 전근대적 전제주의 체제이건, 독재 체제이건, 시장 만능을 외치는 신자유주의 체제이건 모든 체제에 해당한다.

세상 속으로 들어가고자 '아조르나멘토'를 내세운 요한 23세의 선택은 불가피하게 전통과 교리 중심의 가톨릭교회에서 벗어나는 탈전통화라는 위험을 무릅써야 했다. 교회가 이 세상에 긍정적으로 적응한다는 것은 교회의 구조와 세계관의 변화 및 진화를 전제한다. 제2차 바티칸 공의회는 이 변화들을 담아냈다. 그래서 제2차 바티칸 공의회의 사상적 기반을 제공한 신학자인 칼 라너는, 이 공의회를 교회가 세계 교회라는 자의식을 가지고 개최

교회가 세상 속으로 들어가겠다는 적극적인 의지를 천명한 교황 요한 23세. 짧은 재위 기간에도 불구하고 가톨릭교회에 새로운 길을 제시한 것으로 평가받는다.

한 최초의 공의회라고 평가했다.[9]

제2차 바티칸 공의회의 결과물

1962년 10월 11일 요한 23세는 바티칸 궁에서 2,540명의 투표권을 가진 이들이 참여한 가운데 제2차 바티칸 공의회를 개회했다. 어느 누구도 낙관하지 못했던 공의회 소집에 성공한 것이다. 이 공의회는 4회기 동안 계속되었고, 약 2,800여 명이 참가한 역대 가장 큰 규모였으며, 교황의 의지에 따라 동방정교회와 개신교 신학자들도 초청했다.

1962년 10월 11일부터 12월 8일까지 열린 제1회기에서는 전례에 관한 의안들을 논의했는데, 첫 회기부터 혁신적 논의들이 제안되었다. 미사 때 라틴어가 아닌 자국어 사용 허용, 사제 외에는 아무런 역할이 없었던 참가자들의 능동적 역할 등 전례 개혁에 대한 합의가 이루어졌다.[10] 그런데 첫 회기가 끝난 후 1963년 6월 3일, 요한 23세의 사망으로 공의회는 중단된다. 그 후 교황으로 선출된 바오로 6세(1963-1978 재위)는 선임 교황의 유지를 따라 공의회를 재개한다. 두 번째 회기에서는 첫 번째 회기에서 작성된 전례 개혁 수정안이 절대 다수(2,158 대 19)의 찬성으로 통과되고 교황 바오로 6세는 이를 승인한다. 공의회 폐회 이후 바오로 6세의 명에 따라 새로운 《로마미사경본》이 작성되었고 1970년에

○ 공의회 역사를 걷다

역대 최대 규모의 공의회로, 동방정교회와 개신교 신학자들도 초청된 제2차 바티칸 공의회

공포되었다. 지금은 당연하게 받아들이지만, 사제가 회중을 바라보고 자국어로 드리는 공동체 중심의 미사가 제도화된 역사는 매우 짧다.

두 번째 회기에서 가장 주목할 사건은 교황이 예루살렘을 방문해 동방교회 총대주교를 만나겠다고 선언한 일이었다. 이는 갈라진 형제와 일치를 이루려는 가톨릭교회의 의지의 표현이었고, 실제 1964년 1월 바오로 6세는 동방교회 총대주교 아테나고라스와 만나 1054년 파문해 결별했던 동방교회와 화해하고 일치를 이루었다.[11] 루터의 종교개혁 이후 '열교裂敎'(가톨릭에서 찢어져 나간 교회라는 의미)라고 지칭하던 개신교를 '분리된 형제'로 수정했다. 1964년과 1965년의 세 번째, 네 번째 회기에서는 평신도 사도직에 대한 논의, 사제의 독신제 등을 포함한 교회의 사목 활동에 대한 논의가 이루어졌다. 공의회는 1965년 12월 8일 공식 마감되고, 16개의 교령과 헌장을 공표했다.

앞서 열린 모든 공의회는 이단과 교리 문제 해결 등이 핵심 사안이었다. 그런데 제2차 바티칸 공의회는 2,000년 역사에서 스무 차례 이상 열린 공의회 중 이단 지정이나 새로운 교리 결정이 없는 유일한 공의회였다. 이 사실은 제2차 바티칸 공의회가 교회 개혁과 내부 자정을 넘어서 진지하게 세상 가운데에 적응하고자 했음을 보여 준다. 그 때문에 제2차 바티칸 공의회는 가톨릭교회의 뿌리 깊은 신스콜라주의를 극복한 공의회로 인정받는다. 명실상부하게 교회가 텍스트를 넘어 콘텍스트를 지향하게 된 것이다.

《현대 세계의 교회에 관한 사목헌장》 제1장 '기쁨과 희망 Gaudium et spes'은 "가난하고 고통받는 모든 사람의 그것은 바로 그리스도 제자들의 기쁨과 희망이며 슬픔과 고뇌"라는 문구로 시작한다.[12] 제26장 '공동선의 증진'에서는 "집단이든 구성원 개인이든 자기완성을 더욱 충만하고 더욱 용이하게 추구하도록 하는 사회생활 조건의 총화"인 공동선common good을 증진할 권리가 인간에게 부여되어 있음을 강조한다. 아울러 인간은 의식주, 교육과 노동, 양심의 자유, 사생활의 자유, 종교의 자유 등을 누릴 존엄한 존재임을 선포한다.[13] 《사목헌장》 제78장에서는 평화는 전쟁이 없는 상태로만 충분하지 않으며 '정의'가 구현되는 상태라고 규정하면서, 개인의 행복이 안전하게 보호받으며 타자의 존엄을 존중하려는 확고한 의지와 형제애의 실천이 이루어질 때 성취된다고 선언했다.[14]

그렇다면 교회의 존재 목적은 무엇일까? 인종이나 정치적 입장, 경제적 능력 등에 따라 무시되는 인간의 존엄성을 회복하고 사회의 공동선을 추구하는 것이다. 콘스탄티누스 황제의 기독교 공인 이후 1,700년 동안 제도 교회는 기득권을 형성해 왔다. 대부분의 시기 동안 제도 교회는 권력과 가까웠으며, 힘없고 소외되고 가난한 자들의 부르짖음을 외면하거나 온정주의적 시혜를 베푸는 데 만족했다. 가부장적 군주의 권위를 주장했을지언정, 형제애를 부르짖지는 않았다. 그런 점에서 제2차 바티칸 공의회는 과거

가톨릭 공의회가 추구해 왔던 '권력이라는 달콤함'을 근본적으로 포기했다고 평가받는다.[15]

제2차 바티칸 공의회 이후 가톨릭교회는 진정한 시민 종교로 전환하는 가능성을 시험하는 시험대에 서게 되었다. 가톨릭교회는 진지하게 사회 속으로, 대중 속으로 다가가는 실험을 했다.

제2차 바티칸 공의회 이후

제2차 바티칸 공의회의 정신 '아조르나멘토'는 이 근대 세계를 성찰하며 대중과 함께 공동선을 추구해 나가겠다는 의지다. 그 정신은 다양한 형태의 사회참여와 인권 운동으로 발전한다. 라틴아메리카에 정착한 진보적 신학 운동이라고 할 수 있는 해방신학은 제2차 바티칸 공의회 정신의 구체적인 결과물이다. 해방신학은 군사독재 정권 아래서 착취당하는 중남미 국가의 소외된 자들과 함께하는 교회를 추구했다. 전통적인 종교 차원의 구원을 넘어 사회적·개인적 차원의 해방과 구원을 추구한 것이다. 물론 교황청이 해방신학을 어떻게 바라보느냐는 별개의 문제일 수 있다. 마치 16세기 종교개혁기 루터의 사상으로부터 영향을 받아 등장한 민중운동이나, 농민 저항운동을 루터가 탄압한 전례처럼 말이다. 실제로도 가톨릭교회는 사회적·정치적인 차원에 강조점을 둔 해방신학을 탐탁지 않게 여겨 억압했다. 하지만 그 남미 가톨릭의 토대 위에서 지금의 프란치스코 교황이 나왔다는 것 역시 공의회의 결실이다.

　해방신학으로 인해 논쟁적인 라틴아메리카와 달리, 제2차 바티칸 공의회의 정신이 가장 적극적으로 소개되고 적용된 모범 사례로는 한국을 들 수 있다. 한국 최초의 추기경이 된 김수환은 1964년 가톨릭 기관지 〈가톨릭 시보〉의 사장으로 재임하면서 제2차 바티칸 공의회의 개최 및 진행 과정을 한국에 상세히 소개했다. 교황 바오로 6세는 45세의 젊은 주교 김수환을 1968년 서울 대교구 교구장으로 서임하고, 이듬해 추기경으로 임명해 바티칸 공의회 정신의 확산을 지원한다. 또한 한국인으로는 유일하게 제2차 바티칸 공의회 네 번째 회기에 참여해 심의와 의결 과정을 직접 체험한 지학순 주교는 바티칸 공의회의 정신을 한국 사회 속에서 상징적으로 구현한 인물로 평가할 수 있다.[16]

　한국 민주화 운동 시기 명동성당이 한국 시민사회 운동을 견인한 상징성을 지니게 된 일, 유신 시절 민청학련 사건에 연루된 지학순 주교의 구속, 천주교 정의구현사제단 등은 제2차 바티칸 공의회가 추구한 "인간의 존엄성과 사회의 공동선"이라는 명제가 한국 가톨릭의 중요한 자산이 되었음을 보여 준다. 적어도 한국 사회라는 콘텍스트는, 인간의 존엄성이 지켜지지 못한 산업화와 근대화 시기에 성찰하는 근대를 만들어 가자는 제2차 바티칸 공의회의 정신 '아조르나멘토'가 구현된 유의미한 사례라 할 수 있다.

제2차 바티칸 공의회의 외적인 구현과 아울러, 교황청은 군주제의 틀을 벗고 시민사회 속에 들어가기 위한 어떤 상징적인 변화를 꾀했을까? 큰 변화 중의 하나는 교황 선출 시 삼층으로 장식된 화려한 교황관*triregnum*을 씌우는 교황의 대관식이 없어진 것이다. 제2차 바티칸 공의회 회기 중에 선출된 바오로 6세가 대관식을 한 마지막 교황이다. 교황 스스로 로마의 황제라는 자의식을 상징했던 교황관은 역사의 유물로 박물관에 남겨졌다. 교회의 권위는 삼중관이나 화려한 의복에서 나오지 않음을 가톨릭교회는 비로소 인식하게 된 것이다.

가톨릭교회가 세계를 향해 문을 열었다는 상징을 1978년 폴란드인 교황 요한 바오로 2세 선출이 보여 준다. 그 후 독일인 베네딕토 16세, 최초로 비유럽인 아르헨티나 출신의 프란치스코 교황 등이 연거푸 세워진 것은 역사의 유례가 없는 일이다. 1415년 이래 단 두 명(에스파냐, 네덜란드)을 제외하고 550년 이상 이탈리아인들이 교황직을 독점했다. 이것만 보더라도 제2차 바티칸 공의회는 가시적인 결정문이나 헌장으로만 평가할 수 없는, 그 너머의 성취를 거둔 것이다.

재임 중 자신의 교황직을 내려놓는 선택을 한 교황 베네딕토 16세는 사임의 변에서 마지막 순례를 시작하는 평범한 순례자로서 교회의 선익과 공동선을 위해 기도하겠다고 밝혔다. 공동선이라는 단어에 주목할 이유는 그것이 제2차 바티칸 공의회의 정신이었기 때문이다.[17] 후임으로 선출된 베르고글리오 추기경은 기자회견에서 자신이 프란치스코라는 이름을 택한 내력을 이야기했다. 콘클라베에서 3분의 2를 득표해 사람들이 박수를 치기 시작하자, 옆에 앉았던 상파울루 추기경이 "가난한 자들을 잊지 마십시오"라고 했다고 한다. 개표가 종료될 때까지 교황은 줄곧 전쟁이 떠올랐고, 아시시의 프란치스코가 생각났다고 한다. 프란치스코는 가난과 평화의 성자다. 제2차 바티칸 공의회의 사목헌장은 "평화란 정의가 구현된 상태를 의미한다"고 했다. 그러니 현 교황 역시 제2차 바티칸 공의회의 충실한 계승자인 셈이다.

적어도 지금 프란치스코 교황은 가난한 이들을 위한 가난한 교회, 사회의 공동선과 정의가 구현되는 평화의 교회를 꿈꾸는 듯 보인다. 너무 당연해 보이는 종교적 지향이 전 세계 사람들의 눈과 귀를 사로잡고, 마음을 훔치는 것은 그동안 현대사회에서 종교가 성찰하는 모습을 보여 주는 데 실패했기 때문일 것이다.

그래서일까. 오늘 한국 개신교가 처한 상황이 더 무겁게 다가온다. 그 실행 여부는 차치하고라도, 개신교는 인간의 존엄과 사회의 공동선을 교회가 지향할 중요한 가치로 붙들고 있을까? 우리가 살아가는 현대사회와 호흡하고, 상호작용하며, 현대가 추구하는 가치에 무분별하게 휩쓸리지 않고, 종교만이 제시할 수 있는 성찰점을 던져 주고 있을까?

제2차 바티칸 공의회는 가톨릭교회가 위기에 봉착했을 때 그 위기를 헤쳐 나간 지혜를 보여 준다. 가톨릭교회는 교리로 타자를 배제하고 이단시하거나 천상의 신비 뒤로 도피하기보다, 우리가 살아가는 현대사회 속에 더 겸손히, 긍정적으로 적응하고자 하는 '아조르나멘토' 정신을 붙들었다.

공의회 역사에 길을 물어보자면, 위기 속 한국 개신교의 변화의 길은 교리와 성서 해석으로 사회를 재단하고 규정하려는 스콜라주의적 천착에 있지 않다. 그보다는, 사회 변화에 귀를 기울이며 묻고 배우는 겸손을 회복하는 데 있음이 점차 뚜렷해진다. 교인 숫자나 넉넉한 재정과 사회적 성취가 교회의 자랑이 아니라, 가난한 자, 소외된 자들을 돌아보고 사회 속에서 공동선을 추구하는 것이 교회다움의 척도가 된다면, 신자유주의 자본의 지배 아래서도 교회는 사람들이 숨 쉴, 해방과 자유의 공간이 될 것이다.

나가는 말

시대정신을 담은 새로운 전통으로

이 책에서는 서유럽 가톨릭교회가 형성된 후 열렸던 14차례의 가톨릭 공의회를 사회사의 관점에서 다루었다. 공의회는 제도 교회가 사회 속에서 경험하는 위기에 대응하는 전통적인 방식이었다. 흥미로운 것은 때로 공의회가 기존의 전통을 재확인하고 보수하는 결정을 내리기도 했지만, 과감하게 과거와 결별하고 새로운 전통을 만들어 내기도 한 것이다. 그 결과 교회는 시대마다 서로 다른 모양의 교회를 만들어 냈다. 그것은 전통이라는 이름으로 켜켜이 쌓였다. 전통의 재료에는 좋아 보이는 것도, 그렇지 않은 것도 있었다. 이 모든 것을 안고 교회 역사는 이어졌다.

브로드웨이 뮤지컬을 바탕으로 한 〈지붕 위의 바이올린 Fiddler On The Roof〉(1976)이라는 영화는 전통이라는 것에 대해서 여러 생각할 지점들을 던져 준다. 이 영화는 1905년 제정러시아 시대 우크라이나의 유대인 마을인 아나테프카를 배경으로 한다. 아내와 세 딸을 두고 있는 테비에Tevye는 우유 배달을 하면서 살아가는 찢어지게 가난한 유대인이다.

  영화는 지붕 위에서 바이올린을 연주하는 낯선 사람을 잠깐 보여 준 후에 테비에가 자신들의 삶을 소개하고, '전통Tradition'이라는 노래를 부르며 본격적으로 시작한다. 정체가 드러나지 않는 바이올린 연주자는 영화 중간중간에 등장한다. 대개 바이올린은 유대인이 지키고자 하는 전통을 은유한다고 읽는다. 경사진 지붕 위에 서서 바이올린의 활을 제대로 켜는 것은 쉽지 않다. 지붕 위에서 바이올린을 연주하는 것은 2천 년의 역사 동안 세계 각지로 흩어져 살아가던 유대인들이 어려운 상황 속에서도 종교와 문화적 전통을 지키려고 애쓰는 유대인들의 삶을 상징한다.

  테비에의 가족도 예외가 아니었다. 유대인의 전통을 지키고자 애쓰는 테비에였지만, 세 딸은 각각 유대인의 전통을 어기고 자신이 원하는 가난한 재봉사, 급진적인 마르크스주의자, 러시아 정교회 신자와 결혼한다. 엎친 데 덮친 격으로, 제정러시아의 유대인 퇴거 정책에 따라 마을 사람들은 아나테프카를 떠나 뿔뿔이 흩어지는 운명을 맞이한다. 이제 그들의 전통은 무너졌다는 것일까?

  수레에 이삿짐을 가득 싣고 터벅터벅 걸어가는 그 길 위에서 테비에는 비로소 바이올린 연주자를 만난다. 이 장면은 아나테프카를 떠난 유대인들이 자신들의 목적지인 뉴욕이며, 런던이며,

파리 등에서 다시 그들만의 전통을 만들어 낼 것이라는 은유로 읽을 수 있다.

뜬금없이 이 영화를 끌어들이는 이유는 다른 데 있지 않다. 새로운 시대와 가치관의 도래 속에서 전통은 늘 재해석되고 재정의되었다. 그 과정에서 전통은 시대에 부합하는 상상력을 펼치며, 새로운 모습을 찾아갔다.

공의회의 역사도 다르지 않다. 굵직한 것만 짚어 보아도, 현재와 같은 가톨릭교회 신학의 틀을 놓은 1215년의 제4차 라테라노 공의회는 그 이전까지 가톨릭교회가 쌓아 올린 신학적 상상력의 결정체를 보여 주었다. 그 결과로 교황권이 전성기를 맞게 되고, 사제와 비사제의 간극이 명확해진 성직자 중심주의 시대로 접어들었다. 종교개혁 한 세기 전 콘스탄츠 공의회에서는 또 다른 상상력이 등장했다. 그것은 교회의 최종 결정권자는 교황이 아니라, 국가별 기독교 공동체 대표자들로 구성된 공의회에 있다는 주장이었다. 비록 의도한 그대로 구현된 것은 아나, 프로테스탄트 종교개혁은 교황의 독점체제를 깨트리고 유럽의 종교가 국가별로 분화된 형태로 나타났다.

현대사에서 소집된 두 차례의 공의회 역시 극명하게 대비된다. 제1차 바티칸 공의회는 모든 현대사상에 반대하는 반동적인 입장을 취했다. 마리아에 대한 신비적인 교리 성립이나 교황 무류설과 같은 시대착오적인 결정들이 그것을 대표한다. 언급했다시피, 시대의 고통 앞에서 천상의 신비 뒤로 숨어 버린 것이었다. 그러나 양차대전이라는 참혹한 날들을 보낸 후 열린 제2차 바티칸 공의회는 세계가 직면한 고통의 문제 앞에 교회가 어떤 해답을 줄 수 있는가에 초점을 맞추었다. 아조르나멘토와 공동선의 추구, 그것은 시대의 고통 앞에 침묵으로 악에 동조했던 교회의 과오에 대한 반성문이었다.

종교사회학자 에른스트 트뢸치의 평가처럼 전통과 교리를 보호하는 것을 근간으로 하는 제도 교회는 보수적일 수밖에 없다. 그러나 그는 동시에 교회는 역사적 구성물이라고 했다.[1]

전통이란 그저 과거의 것을 소극적으로 수호할 대상이 아니라, 새로운 시대정신에 부합하게 끊임없이 새로운 모습으로 만들어 가야 하는 것이기 때문이다. 전통은 지켜야 될 대상인 동시에, 극복하고 새롭게 만들어 가야 할 열린 것이기도 하다.

조금 낯설게 들리겠지만, 교회 전통이 가르쳐 주는 담백한 사실은 영원한 것은 없다는 것이다. 지금 우리네 교회당의 형태도, 예배의 모습도 역사적 산물이다. 15세기 인문주의는 16세기 종교개혁기 성서학의 상상력의 원천이었다. 그 상상력이 천 년의 가톨릭을 유지하던 제단을 허물고, 성서의 의미를 풀어 전달하기 위해 설교단을 들여놓는 프로테스탄트 시대를 열어젖혔다. 옛 전통이 무너진 자리 위에 새로운 전통이 들어선 것이다.

공의회 역사를 통해 일관되게 말하고자 했던 것은 전통이란 과거 한 시점에 고착된 것이 아니라, 변화하는 시대에 맞게 늘 새롭게 재해석되어 왔다는 점이다. 전통이라는 것은 완료형이기보다는 늘 형성해 가는 진행형이다.

'개혁'에 대한 가톨릭과 개신교의 전통은 크게 두 용어로 대비할 수 있다. 공의회를 통한 개혁을 시도했던 가톨릭교회의 교회 개혁은 '위로부터의 개혁 Reformatio a capita et membris'이라는 표현으로 상징된다. 반면에, 개신교회의 개혁에 대한 가장 대표적인 표현은 "개혁된 교회는 항상 개혁되어야 한다 Ecclesia reformata, semper reformanda est"이다. 항상 개혁되어야 한다는 것은 진행형이다. 결코 과거의 완성된 한 형태를 이상화하여, 그리로 회귀하는 것이 아니다.

개혁의 주체가 누구냐에 대한 차이는 있을지언정, 끊임없이 쇄신을 추구하며 새로운 형태를 만들어 간다는 점에서 가톨릭교회와 개신교회의 궁극적인 지향점은 큰 차이가 없다. 그러니 공의회를 개신교 전통과 무관하다고 외면하는 것은 아쉬운 선택이다.

여러 어려운 도전에 직면하고 있는 한국 교회는 지금껏 유지해 온 전통을 그저 지켜내려 하기보다는, 신앙과 교회 공동체에 대한 상상력을 북돋우고, 그를 최대치로 끌어올리는 것이 필요하다. 어쭙잖은 상상력이라도 한데 모아 경계의 선을 늘려야 이 사회의 요구를 교회가 받아 안을 수 있다. 지금은 각자의 자리에서 꿈을 꾸어야 한다. 종교개혁기 가톨릭에도, 프로테스탄트에도 환영받지 못하고 경계에 섰던 인문주의자 에라스뮈스가 되기를 두려워하지 않아야 한다.

역사를 통해 배우고 성찰한다는 것이 진부한 표현이 되어 버린 시대이지만, 한국 개신교의 전통을 만들어 가야 할 시점에서 그 길을 오래 걸어왔던 가톨릭교회의 역사를 들여다보는 것은 어쩌면 선택이 아니고 필수일 수 있다. 공의회는 당대의 사회 속에서 교회가 어떻게 조응해 나갈 것인가에 대한 고민의 총화다. 그 결과가 전통으로 쌓여 왔다. 그들의 고민을 거기에 가두지 않고 오늘로 옮겨 온다면, 현재 교회가 마주하고 있는 숙제를 풀어 나갈 단서들을 여럿 찾을 수 있다. 그것이 고리타분해 보이는 역사 공부에서 얻게 되는 몇 안 되는 소중한 열매다. 그렇게 될 때 개신교 전통이 지향하는 '항상 개혁'하는 교회를 만들어 갈 수 있다.

미주
찾아보기

미주

1장

1 휴 트레버-로퍼, '전통의 발명: 스코틀랜드 고지대의 전통,' 《만들어진 전통》 (에릭 홉스봄 외 지음, 박지향, 장문석 옮김, 휴머니스트, 2004), 47-97쪽.

2 최초 일곱 공의회에 대한 개요는, Leo D. Davis, *The First Seven Ecumenical Councils(325-787): Their History and Theology*(Delaware: Michael Glazier, 1990).

3 중세 및 종교개혁사 연구의 권위자인 헤이코 오베르만(*Heiko Oberman*)은 교회가 전통에 대해 가지는 관점을 크게 두 가지로 구분했다. 그가 명명한 '전통 1'은 개신교가 수용하는 '오직 성서'만을 권위로 인정하는 관점이며, '전통 2'는 가톨릭교회가 담보하는 성서와 전통이라는 두 가지 계시를 모두 인정하는 입장이다. Heiko Oberman, *The Harvest of Medieval Theology: Gabriel Biel and Late Medieval Nominalism*(Cambridge, Mass.: Harvard University Press, 1963), pp. 361-393.

4 최종원, 《초대교회사 다시 읽기》(홍성사, 2018), 242쪽.

5 Kegan A. Chandler, *Constantine and the Divine Mind: The Imperial Quest for Primitive Monotheism*(Eugene: Wipf & Stock, 2019), p. 154.

6 David W. T. Brattston, *Apostolic Succession: An Experiment that Failed*(La

Vergne: Wipf & Stock Publishers, 2020), pp. 1-4.

7 이 문구는 교회 개혁에서 교황의 주도권을 의미하는 표현으로 사용된 것으로, 14세기 초반 공식적으로 처음 등장했다. Phillip H. Stump, *The Reforms of the Council of Constance (1414-1418)*(Leiden: Brill, 1994), pp. 237-239.

8 프랑스혁명 때 가톨릭교회에 대한 박해는, 김응종, '프랑스혁명과 가톨릭교회의 수난', 〈역사와담론〉, 제83집(2017), 101-135쪽 참조.

9 종교가 인종, 민족 정체성에 미치는 영향에 대해서는, Craig R. Prentiss ed., *Religion and the Creation of Race and Ethnicity: An Introduction*(New York and London: New York University Press, 2003), pp. 1-12 참조.

10 권재일, 《언어학과 인문학》(서울대학교출판부, 1999), 278-279쪽.

2장

1 John J. Mueller et al., *Theological Foundations: Concepts and Methods for Understanding Christian Faith*(Winona, MN: Saint Mary's Press, 2007), pp. 182-183.

2 이경구, '콘스탄티누스 기진장의 작성목적,' 〈서양중세사연구〉, 제11집 (2003), 27-59쪽.

3 Kevin Kaatz, *Early Controversies and the Growth of Christianity*(Oxford: Praeger, 2012), p. 113.

4 동·서방교회 분열 당시 필리오케 논쟁뿐 아니라, 성찬 시 누룩이 들지 않은 빵인 무교병 사용에 대한 논쟁이 서방교회의 중요한 이슈가 되었다는 것에서도 알 수 있다. 이와 관련해서는 Brett Whalen, "Rethinking the Schism of 1054: Authority, Heresy, and the Latin Rite," *Traditio*, vol. 62(2007), pp. 1-24 참조.

5 A. Edward Siecienski, *The Filioque: History of a Doctrinal Controversy*(Oxford: Oxford University Press, 2010), pp. 113-115.

6 Francis Dvornik, *The Photian Schism: History and Legend*(Cambridge: Cambridge University Press, 1948), p. 211.

7 Clarence Gallagher, "Patriarch Photius and Pope Nicholas I and the Council of 879," *The Jurist: Studies in Church Law and Ministry*, vol. 67, no. 1(2007), pp. 72-88.

3장

1 Frederic J. Baumgartner, *Behind Locked Doors: A History of the Papal Elections*(New York: Palgrave Macmillan, 2003), pp. 14-17.

2 1309년부터 1377년까지 교황청이 프랑스 남부 아비뇽으로 옮겨간 '아비뇽 유수' 시기에 선출된 여섯 명의 교황 모두가 프랑스 출신이었다.

3 서임권 논쟁에 대한 자세한 내용은, Uta-Renate Blumenthal, *The Investiture Controversy: Church and Monarchy from the Ninth to the Twelfth Century*(Philadelphia: University of Pennsylvania Press, 1988) 참조.

4 중세 말 종교개혁을 야기한 원인으로서 사제의 타락은 복수겸직, 부재성직 및 성직매매 등이 대표적이었다. Williston Walker et al., *History of the Christian Church*(New York: Scribner, 1985), p. 481.

5 제1차 라테라노 공의회 캐논은 "First Lateran Council 1223 A.D.," Papal Encyclicals Online, https://www.papalencyclicals.net/councils/ecum09.htm(2020년 8월 1일 최종 검색)

6 제2차 라테라노 공의회 캐논은 "Second Lateran Council 1139 A.D.," Papal Encyclicals Online, https://www.papalencyclicals.net/councils/ecum10.htm(2020년 8월 1일 최종 검색).

7 Steven Vanderputten, *Reform, Conflict, and the Shaping of Corporate Identities: Collected Studies on Benedictine Monasticism, 1050-1150*(Berlin: LIT, 2013), pp. 31-32.

4장

1 Christopher Tyerman, *God's War: A New History of the Crusades*(Cambridge, Mass.: Belknap Press of Harvard University Press, 2008), p. 44-45.

2 Geoffrey L. Dipple, "Uthred and the Friars: Apostolic Poverty and Clerical Dominion between Fitzralph and Wyclif," *Traditio*, vol. 49(1994), pp. 235-258.

3 Donald E. Queller and Thomas F. Madden, *The Fourth Crusade: The Conquest of Constantinople*(Philadelphia: University of Pennsylvania Press, 1997), p. 28.

4 Anne J. Duggan, Peter D. Clarke, eds., *Pope Alexander III (1159–81): The Art of Survival*(London and New York: Routledge, 2016), p. 4.

5 제3차 라테라노 공의회 캐논은 "Third Lateran Council 1179 A.D.," Papal Encyclicals Online, https://www.papalencyclicals.net/councils/ecum11.htm(2020년 8월 1일 최종 검색).

6 로버트 스완슨,《12세기 르네상스》(최종원 옮김, 심산출판사, 2009), 49쪽.

7 James Neill, *The Origins and Role of Same-Sex Relations in Human Societies* (London: McFarland & Company, 2009), p. 373.

8 12세기 르네상스의 이면이 탄압사회의 형성이라는 주장은, R. I. Moore, *The Formation Of A Persecuting Society: Power and Deviance in Western Europe, 950-1250*(Oxford: Basil Blackwell, 1987) 참조.

5장

1 Joseph Clayton, *Pope Innocent III and His Times*(Milwaukee: Mediatrix Press, 2016), pp. xi~xii.

2 제4차 라테라노 공의회 캐논은 "Fourth Lateran Council 1215 A.D.," Papal Encyclicals Online, https://www.papalencyclicals.net/councils/ecum12.htm(2020년 8월 1일 최종 검색).

3 Edward Grant, *God and Reason in the Middle Ages*(Cambridge: Cambridge University Press, 2001), pp. 51-53.

4 M. T. Champagne and I. M. Resnick, eds., *Jews and Muslims under the Fourth Lateran Council Papers Commemorating the Octocentenary of the Fourth Lateran Council (1215)*(Turnhout: Brepols Pub, 2019) 참조.

5 Joachim W. Stieber, *Pope Eugenius IV, the Council of Basel and the Secular and Ecclesiastical Authorities in the Empire: The Conflict over Supreme Authority and Power in the Church*(Leiden: Brill, 1978), p. 373.

6 Paul B. Pixton, *The German Episcopacy and the Implementation of the Decrees of the Fourth Lateran Council, 1216-1245*(Leiden: Brill, 1995), p. 319.

7 Donald K. McKim, *Theological Turning Points: Major Issues in Christian Thought*(Louisville: Westminster John Know Press, 1971), pp. 115-124.

6장

1 로버트 스완슨, 《12세기 르네상스》(최종원 옮김, 심산출판사, 2009), 93-97쪽.

2 David Abulafia, *Frederick II, A Medieval Emperor*(Oxford: Oxford University Press, 1988), p. 252.

3 Abulafia, *Frederick II*, p. 431.

4 제1차 리옹 공의회의 결정 사항들과 캐논은 "First Council of Lyons, 1245 A.D.," Papal Encyclicals Online, https://www.papalencyclicals.net/councils/ecum13.htm(2020년 8월 1일 최종 검색).

5 Abulafia, *Frederick II*, pp. 270-273.

6 Christopher M. Bellitto, *The General Councils: A History of the Twenty-one General Councils from Nicaea to Vatican II*(New York: Paulist Press, 2002), p. 59.

7 Philip B. Baldwin, *Pope Gregory X and the Crusades*(Woodbridge: Boydell, 2014), p. 57.

8 Bellitto, *The General Councils*, p. 60.

9 자크 르 고프, 《연옥의 탄생》(최애리 옮김, 문학과지성사, 1995), 543-547쪽.

10 Baldwin, *Pope Gregory X and the Crusades*, p. 168.

7장

1 M. C. Gaposchkin, *The Making of Saint Louis: Kingship, Sanctity, and Crusade in the Later Middle Ages*(Ithaca and London: Cornell University Press, 2008), p. 50.

2 J. Rollo-Koster and T. M. Izbicki. eds., *A Companion to the Great Western Schism (1378-1417)*, Leiden: Brill, 2009), p. 341.

3 Gil McHattie, ed., *The Knights Templar: Influences from the Past and Impulses for the Future*(Forest Row: Temple Lodge Publishing, 2011), pp. 188-189.

4 비엔 공의회의 결정 사항들과 캐논은 "Council of Vienne 1311-1312 A.D.," Papal Encyclicals Online, https://www.papalencyclicals.net/councils/ecum15.htm(2020년 8월 1일 최종 검색).

5 Tanya Stabler Miller, *The Beguines of Medieval Paris: Gender, Patronage, and Spiritual Authority*(Philadelphia: University of Pennsylvania Press, 2014), pp. 1-4.

6 Rollo-Koster and Izbicki. eds., *A Companion to the Great Western Schism*, p. 381.

7 David Burr, *Spiritual Franciscans: From Protest to Persecution in the Century After Saint Francis*(University Park: Pennsylvania State University Press, 2001), pp. 252-253.

8 움베르트 에코,《장미의 이름》(이윤기 옮김, 열린책들, 2011), 621-622쪽.

9 이화용, '중세에서 근대로 마르실리우스 인민주권론에 관한 하나의 역사적 이해', 〈정치사상연구〉, 제5집(2001), 55-79쪽.

8장

1 Faith Thompson, *A Short History of Parliament, 1295-1642*(Minneapolis, University of Minnesota Press, 1953), pp. 34-35.

2 William Bloom, *Personal Identity, National Identity and International Relations*(Cambridge: Cambridge University Press, 1990), p. 65.

3 W. J. Sheils, *The English Reformation 1530-1570*(London and New York: Routledge, 2013), p. 68.

4 C. M. Bellitto, "Ambivalence and Infallibility at the Council of Constance," *Cristianesimo nellastoria*, vol.22(2001), pp. 5-21.

5 Rollo-Koster and Izbicki. eds., *A Companion to the Great Western Schism*, pp. 439-442.

6 Margaret L. King, *The Renaissance in Europe*(London: Laurence King Publishing, 2003), p. 168.

7 위클리프 사상에 대한 개요는, 최종원, '위클리프와 옥스퍼드의 롤라드파: 그 지적 정체성 1377-1415', 〈한국 교회사학회지〉, 제22집(2008), 1-19쪽 참조.

8 위클리프 사상이 대중운동으로 발전한 롤라드파에 대해서는, 최종원, '1414년 이후 후기 롤라드파 사상의 몇 가지 쟁점 연구', 〈서양중세사연구〉, 제24집(2009), 155-180쪽 참조.

9 A. Hudson, *Premature Reformation*(Oxford: Clarendon Press, 1988).

10 Rollo-Koster and Izbicki. eds., *A Companion to the Great Western Schism*, pp. 327-330.

9장

1 Francis Oakley, *The Conciliarist Tradition: Constitutionalism in the Catholic Church, 1300-1870*(Oxford: Oxford University Press, 2003), pp. 76-77.

2 Steven Ozment, *The Age of Reform, 1250-1550: An Intellectual and Religious History of Late Medieval and Reformation Europe*(New Haven: Yale University Press, 1980), p. 151.

3 A. S. McGrade, *The Political Thought of William Ockham: Personal and Institutional Principles*(Cambridge: Cambridge University Press, 1974), p. 19.

4 M. Decaluwe, T. M. Izbicki and G. Christianson, *A Companion to the Council of Basel*(Leiden: Brill, 2017), p. 251.

5 Decaluwe et al., *A Companion to the Council of Basel*, p. 176.

6 Decaluwe et al., *A Companion to the Council of Basel*, p. 110.

7 Decaluwe et al., *A Companion to the Council of Basel*, p. 296.

8 Decaluwe et al., *A Companion to the Council of Basel*, pp. 328-329.

9 Anne Marie Wolf, *Juan de Segovia and the Fight for Peace: Christians and Muslims in the Fifteenth Century*(Notre Dame: University of Notre Dame Press, 2014), pp. 113-114.

10 Bellitto, *The General Councils*, pp. 91-93.

11 A. E. Siecienski, *The Papacy and the Orthodox: Sources and History of a Debate*(Oxford: Oxford University Press, 2017), pp. 330-333.

12 G. Christianson, T. M. Izbicki and C. M. Bellitto, *The Church, the Councils, and Reform: The Legacy of the Fifteenth Century*(Washington D.C.:

Catholic University of America Press, 2008), pp. 183-185.

13 B. Nelson, *The Making of the Modern State: A Theoretical Evolution*(New York: Palgrave MaCmillan, 2006), p. 53.

10장

1 Charles L. Stinger, *The Renaissance in Rome*Bloominton and Indianapolis: Indiana University Press, 1998), p. 123.

2 John T. Scott, *The Routledge Guidebook to Machiavelli's The Prince*(London and New York: Routledge, 2016), p. 98.

3 로스 킹이 쓴 《미켈란젤로와 교황의 천장》(다다북스, 2007)은 미켈란젤로의 시스티나 예배당 천장화 작업과 관련한 내용을 소설 형식으로 풀어쓴 작품으로, 르네상스기의 교황과 예술가들과의 관계를 흥미롭게 그렸다.

4 김석만, '르네상스 시대 교황 식스투스 5세에 의한 로마의 도시재건계획에 관한 연구 - 도로계획 및 도로계획과 관련된 요소들을 중심으로,' 〈대한건축학회 연합논문집〉, 제19집 제6호(2017.12), 1-17쪽.

5 Christianson et al., *The Church, the Councils, and Reform*, p. 194.

6 Christine Shaw, Julius II: The Warrior(Pope 1997) 참조.

7 Desiderius Erasmus, *The Correspondence of Erasmus: Letters, 142 to 297, 1501 to 1514*(R. A. B. Mynors and D. F. S. Thomson trans., Toronto and Buffalo: University of Toronto Press, 1975), p. 125.

8 Francis Oakley, "Conciliarism at the Fifth Lateran Council," *Church History*, vol. 41(1972), p. 452.

9 Christopher Witcombe, *Copyright in the Renaissance: Prints and the Privilegio in Sixteenth-Century Venice and Rome*(Leiden: Brill, 2004), p. 69.

10 R. Ward Holder, *Crisis and Renewal: The Era of the Reformations*(Louisville: Westminster John Knox Press, 2009), p. 66.

11 Ozment, *The Age of Reform*, p. 401.

12 교황에게 보낸 제안서는 Paolo Giustiniani, Pietro Quirini, *Libellus: Addressed to Leo X, Supreme Pontiff*(Stephen Beall, trans., Milwaukee: Marquette University Press, 2016) 참조.

13 Eric Leland Saak, *Luther and the Reformation of the Later Middle Ages*(Cambridge: Cambridge University Press, 2017), p. 241.

14 Ozment, *The Age of Reform*, pp. 401-402.

11장

1 전통적인 프로테스탄트 시각의 종교개혁에 문제제기를 하는 수정주의 연구는 잉글랜드 종교개혁과 연관하여 매우 활발하게 논의되고 있다. 대표적인 수정주의 연구는, Eamon Duffy, *The Stripping of the Altars: Traditional Religion in England 1400-1580*(London: Yale University Press, 1992), C. Haigh ed., *The English Reformation Revised*(Cambridge: Cambridge University Press, 1987) 및 J. J. Scarisbrick, *The Reformation and the English People*(London: Wiley-Blackwell, 1991) 등이 있다.

2 Geoffrey Parker, *Emperor: A New Life of Charles V*(New Haven and London: Yale University Press, 2019), pp. 268-270.

3 Parker, *Emperor: A New Life of Charles V*, pp. 122-124.

4 David V. N. Bagchi, *Luther's Earliest Opponents: Catholic Controversialists, 1518-1525*(Minneapolis, MN: Fortress Press, 1991), p. 191.

5 Christopher Dawson, *The Dividing of Christendom*(San Francisco: Ignatius Press, 1965), pp. 108-109.

6 Parker, *Emperor: A New Life of Charles V*, p. 463.

7 Ozment, *The Age of Reform*, p. 407.

8 Ozment, *The Age of Reform*, pp. 407-409.

9 William E. Phipps, *Clerical Celibacy: The Heritage*(New York and London: Continuum, 2004), pp. 160-161.

10 Violet Soen et al., eds., *The Council of Trent: Reform and Controversy in Europe and Beyond(1545-1700)*(Göttingen: Vandenhoeck & Ruprecht, 2018), pp. 179-181.

12장

1 Jack Snyder ed., *Religion and International Relations Theory*(New York: Columbia University Press, 2011), p. 70.

2 전종호, '18세기 프랑스문학과 예수회,' *서강인문논총*, 제21집(2007), 91-130쪽.

3 James Corkery and Thomas Worcester eds., *The Papacy Since 1500: From Italian Prince to Universal Pastor*(Cambridge, Cambridge University Press, 2010), pp. 109-110.

4 Corkery and Worcester eds., *The Papacy Since 1500*, p. 9.

5 Gerald R. Cragg, *The Church and the Age of Reason 1648-1789*(New York: Penguin Books, 1987), pp. 9-16.

6 Karl Marx, *Marx: Early Political Writings*(Joseph J. O'Malley ed., Cambridge: Cambridge University Press, 1994), p. 57.

7 유럽에서 제도 종교의 쇠퇴는 20세기 들어와서의 현상이기보다는, 산업혁명 전후로 극명하게 드러나는 현상이다. Callum G. Brown, *The Death of Christian Britain: Understanding secularisation 1800-2000*(London: Routledge, 2001), pp. 16-17.

8 Corkery and Worcester eds., *The Papacy Since 1500*, p. 136.

9 Corkery and Worcester eds., *The Papacy Since 1500*, p. 135.

10 Corkery and Worcester eds., *The Papacy Since 1500*, p. 105.

11 "Decrees of the First Vatican Council," Papal Encyclicals Online, https://www.papalencyclicals.net/councils/ecum20.htm(2020년 8월 1일 최종 검색).

13장

1 울리히 벡은 근대사회의 모순과 체제의 한계를 인식하고 새로운 대응 방식을 모색하는 것을 '성찰적 근대화'라고 표현했다. 울리히 벡,《위험사회: 새로운 근대(성)을 향하여》(홍성태 옮김, 새물결, 1992) 참조.
2 Corkery and Worcester eds., *The Papacy Since 1500*, p. 174.
3 교황 비오 12세가 나치의 유대인 학살을 미리 알고도 묵인했다는 혐의는 John Cornwell, *Hitler's Pope: The Secret History of Pius XII*(New York: Penguin Books, 1999)에서 제기하고 있다. 반면, 교황 비오 12세가 유대인을 보호하기 위한 비밀 계획을 가동했다는 주장도 있다. Gordon Thomas, *The Pope's Jews: The Vatican's Secret Plan to Save Jews from the Nazis*(New York: St. Martin's Press, 2012) 참조.
4 Corkery and Worcester eds., *The Papacy Since 1500*, p. 196.
5 Elizabeth Teresa Groppe, *Yves Congar's Theology of the Holy Spirit*(Oxford: Oxford University Press, 2004), p. 140 참조.
6 Karen Kilby *Karl Rahner: Theology and Philosophy*(London: Routledge, 2004), pp. 115-121 참조.
7 Thomas Cahill, *Pope John XXII*(New York: Penguin, 2002), p. 175.
8 Cahill, *Pope John XXII*, p. 188.
9 칼 라너, '제2차 바티칸 공의회의 영속적 의미', 김태균 옮김, 〈신학전망〉, 제190집(2015.9), 244쪽.
10 라너, '제2차 바티칸 공의회의 영속적 의미', 244-245쪽.
11 Owen F. Cummings, *A History of the Popes in the Twentieth Century: Their*

Struggle for Spiritual Clarity Against Political Confusion(New York: Edwin Mellen Press, 2008), p. 130.

12 '현대 세계의 교회에 관한 사목 헌장(기쁨과 희망),'《현대 세계의 교회에 관한 사목헌장》, http://maria.catholic.or.kr/dictionary/doctrine/doctrine_view.asp?menu=concil&kid=4(2020년 8월 1일 최종 검색).

13 제26장 '공공선의 증진,'《현대 세계의 교회에 관한 사목헌장》, http://maria.catholic.or.kr/dictionary/doctrine/doctrine_view.asp?menu=concil&kid=4&seq=2951&level1=5&level2=4&level3=3&level4=0&level5=0&level6=4&level7=&lang=ko(2020년 8월 1일 최종 검색).

14 제78장 평화의 본질,"《현대 세계의 교회에 관한 사목헌장》, http://maria.catholic.or.kr/dictionary/doctrine/doctrine_view.asp?menu=concil&kid=4&seq=3217&level1=5&level2=5&level3=6&level4=0&level5=1&level6=2&level7=&lang=ko(2020년 8월 1일 최종 검색).

15 라너, '제2차 바티칸 공의회의 영속적 의미', 248쪽.

16 오세일, '한국천주교회와 사회 참여,'《한국사회학》, 제49집 제 2호, 107-116쪽.

17 라너, '제2차 바티칸 공의회의 영속적 의미', 248쪽.

나가는 말

1 Ernst Troeltsch, *The Social Teachings of the Christian Churches*(New York: The Macmillan Company, 1932), vol. 1, pp. 431-435.

찾아보기

ㄱ
고해성사 96-97, 102-103
공동선 244-262
《공산당 선언》 232
공의회주의 156, 157, 162-165, 168-184, 190, 193, 196
교황 무류설 235-239, 251, 265
교황 수위권 130, 165, 170
교황관 260
교회 대분열 45, 148-159, 168-169, 172, 189
국민단 121-122, 157, 173, 181
그레고리우스 11세 교황 148-149
그레고리우스 개혁 56-57
그레고리우스 교황 56-57
기의 27-28
기표 27-28

ㄷ
다윈, 찰스 232, 239
다이, 피에르 153, 170
대헌장 24, 94
도미니크회 82, 85, 118, 144, 248

ㄹ
라너, 카를 248-249
라테라노조약 230
란프랑코 98
레오 10세 교황 187-189, 192-193, 196-198, 202
《로마미사경본》 254
롤라드 160
루터, 마르틴 24, 90, 105, 110-111, 122, 152, 159, 162, 180, 186-187, 193-194, 196, 200-204, 206-223, 248, 256, 258
르네상스 24, 81, 85, 158, 187-189, 190-192, 203, 214
르네상스 교황 158, 188-189, 214
리옹의 빈자들 76-77

ㅁ
마그나카르타 24, 94
마르실리우스, 파도바의 144

마르크스, 카를 232-233
마르티누스 5세 교황 172
마리아 무염시태설 234, 239
마키아벨리 181, 191
《만들어진 전통》 8
멜란히톤 209
면벌부 29, 104, 121, 174, 182, 192, 198, 213, 217
미스테리온 33
밀라노칙령 16, 18, 37

ㅂ

바벨론 유수 128-132, 180
바오로 6세 교황 254, 256, 259, 260
바젤-페라라-피렌체 공의회 21, 46, 113, 167-184
반동종교개혁 207
반성직주의 105, 159, 162
발도파 76-78, 85-86, 141
백년전쟁 149
베긴회 137-138, 141
베네딕토 16세 교황 260
베네딕토 수도회 70-72, 75, 222
베네치아 평화협정 79
베드로의 펜스 101
베렌가리우스 98

베르나르, 샤르트르의 82
베스트팔렌조약 227
베케트, 토머스 60
보니파키우스 8세 교황 129, 132, 136, 142
보름스 제국의회 209
보름스 협약 60-62
복수겸직 56, 196
부재성직 56, 196
불가타역 32
비엔 공의회 21, 127-145
비오 12세 교황 245-247
비잔틴제국 54, 119-120, 178-179, 184, 194

ㅅ

사도적 청빈 75, 86, 133, 137-145
30년 전쟁 221, 227
새크라멘툼 33
서임권 논쟁 55-60, 130
성 베드로 대성당 189, 192, 196, 203
성모승천설 246
성서 중심주의 26
성전 기사단 133-137, 194
성직록 56, 65, 174, 196
성직매매 56, 57, 62, 65, 67, 76, 137, 164

성찰적 근대성 244
성화상 논쟁 120
스티븐 랭튼 94
실라부스 235
실베스테르 1세 교황 35
12세기 르네상스 24, 81, 85, 87
십자군 24, 72-74, 78, 85, 91, 113, 120-121, 133-136, 191

ㅇ

아리우스파 18, 37, 38-40
아비뇽 유수 116, 122, 129, 132, 133, 140, 148-149, 164, 169, 206
〈아우크스부르크 신앙고백〉 209
〈아우크스부르크 신앙고백의 반박서〉 209-210
아우크스부르크 평화협정 218
아조르나멘토 243-262, 266
아테나고라스 총대주교 256
알렉산데르 6세 교황 188
알브레히트 대주교 196
앙시앵레짐 227
에라스뮈스 191, 267
에크, 요한 209
연옥 29, 109, 120, 121, 176, 178, 217
오도아케르 34

오스만튀르크 178, 191, 194
요한네스 22세 교황 140, 141
요한네스 23세 154, 156-157
요한 23세 교황 250
요한네스 23세 대립교황(1410-1415 재위) 154, 156, 157, 250
〈우남 상크탐〉 130
우니베르시타스 24
울필라스 38
위로부터의 개혁 168 196, 201, 215-223
위클리프, 존 159-164
유대인 80, 84-85, 87, 98-100, 244-245, 264-265
율리우스 2세 교황 189-193, 203
이슬람(무슬림) 24, 80, 120, 124, 194, 209
2월 혁명 227, 232
익명의 그리스도인 248
《인간 존재의 비참함에 대하여》 103
인노켄티우스 3세 60, 91-95, 103, 130
인노켄티우스 4세 교황 113

ㅈ

자일스, 비테르보의 200-202
장기 12세기 74-78, 80, 84, 85-87, 100
《장미의 이름》 142-144
제1차 라테라노 공의회 21, 62-63

제1차 리옹 공의회 21, 112-119
제1차 바티칸 공의회 21, 225-242
제2차 라테라노 공의회 21, 64-65
제2차 리옹 공의회 21, 119-122
제2차 바티칸 공의회 21, 243-262
제3차 라테라노 공의회 21, 69-88
제4차 라테라노 공의회 21, 89-115
제4차 콘스탄티노플 공의회 19, 21, 31-48, 74, 222
제5차 라테라노 공의회 21, 180, 185-204
제르송, 장 153, 170
존 왕 24, 60, 94-95, 130
《종의 기원》 232
주스티니아니, 토마소 198

ㅊ

칠성사 24, 96, 102, 104, 109, 202

ㅋ

카노사의 굴욕 58
카를 5세 황제 117-118, 122, 208-119
카타리파(알비파) 76-78
칼케돈 공의회 15, 21
콘스탄츠 공의회 21, 147-165, 168, 169, 171-173, 180, 187, 208, 214, 265

콘스탄티누스 황제 16-19, 35-38, 41, 46
〈콘스탄티누스의 기증장〉 35-36, 41, 46
콘클라베 53, 261
콩가르, 이브 248-249
퀴리니, 빈첸초 198, 200
클로비스 1세 프랑스 왕 38

ㅌ

탁발 수도회 75, 76, 118, 137, 138-141
테첼 198
톨레도 시노드 40
트리엔트 공의회 21, 90, 96, 108, 111, 205-223
트리엔트 미사 220

ㅍ

〈파스토르 애테르누스〉 200
페트라르카 129
평신도 사도직 248, 256
《평화의 수호자》 171
포티우스 42-44
프란치스코 교황 78, 259, 261
프란치스코회 78, 82, 86, 138, 140-145
프랑스대혁명 24
〈프레퀜스〉 163, 172, 175

프리드리히 1세 황제 79
프리드리히 2세 황제 113-118, 122, 124
피사 공의회(1409) 153-156, 189-190, 193, 198
피우스 9세 교황 234, 236-237
필리오케 40-45, 120, 175, 176, 178
필리프 4세 프랑스 왕 129-130, 132, 134

ㅎ

하인리히 3세 황제 55
〈핵 상크타〉 163, 175
〈헤겔 법철학 비판 서문〉 233
화체설 24, 29, 95-99, 102, 104-105, 160, 162, 217
후스, 얀 159-162, 164

공의회 역사를 걷다

최종원 지음

초판 1쇄 발행 2020년 10월 23일

펴낸이 김도완
등록 제406-2017-000014호(2017년 2월 1일)
전화 031-955-3183
전자우편 viator@homoviator.co.kr

편집 최은하
제작 제이오

ISBN 979-11-88255-68-9 03230

펴낸곳 비아토르
주소 경기도 파주시 문발로 197 102호(우편번호 10881)
팩스 031-955-3187

디자인 즐거운생활
인쇄 (주)민언프린텍   **제본** (주)정문바인텍

저작권자 ⓒ 최종원, 2020

이 도서의 국립중앙도서관 출판예정도서목록(CIP)은 서지정보유통지원시스템 홈페이지(http://seoji.nl.go.kr)와 공동목록시스템(http://www.nl.go.kr/kolisnet)에서 이용하실 수 있습니다. (CIP 제어번호: CIP2020043736)